日本留学試験（EJU）対策厳選書籍

日本語 記述・読解

⏶ 启程塾

はじめに

　地球上のどこにいても，私たちは世界各国と瞬時につながることができ，同時に私たちの生活や仕事も，直接，世界の影響を受けるようになっています。これこそがまさにグローバル社会であり，これからの時代，グローバル化はますます進展してゆくことが容易に想像できます。

　こうした社会の変化において国内外の諸課題等を読み解き，考察し，理解を深めるために，近年，海外留学を志す学生が増加しています。留学先として日本も人気の国の一つとなっています。

　本書は外国人留学生が，日本の大学入試に備えて，本格的に実力をつけようと考えている受験生のために開発された問題集です。

　日本の大学に進学を希望する場合，留学生を対象とした日本留学試験（EJU）を受験する必要があります。EJU 利用校は，大学 451 校，大学院 67 校，短期大学 90 校（2018年 12 月現在）など，ほとんどの教育機関で導入されています。

　試験科目は「日本語」「理科」「総合科目」「数学」の 4 科目からなり，「理科」は物理・化学・生物の中から 2 科目選択，「数学」は 2 つのコースから出願予定の大学の指定に従い，選択するようになっています。

　試験は 6 月と 11 月の年 2 回行われ，日本国内だけでなく，国外でも受験可能となっており，現在は世界 14 か国 18 都市で実施されています。

　啓程塾に通う塾生たちは，この EJU で高得点を取るために，日々，講義と演習を何度も何度も繰り返しながら勉強に励んでいます。

　そして，私たち，啓程塾の指導陣も，夢を叶えようとする受験生のために，EJU で過去に出題された問題を徹底的に分析し，出題形式・出題内容・問題レベルなどを研究しています。

　このような啓程塾の教育活動の集大成として，この度，本書の出版に至りました。

　本書は，出題形式・問題レベルなど，本番試験的中を狙って編集されています。

受験生のみなさんは本書の問題に触れながら，「知識レベルは足りているのか」,「出題形式に慣れているのか」, 「解答速度は時間内に間に合っているのか」, など本番前の再確認として大いに役立てください。

　本書で学んだ一人でも多くの留学生が，当日，高得点を取り，希望の大学に合格し，未来のリーダーとしてのスタートラインに立てることこそが私たちの喜びです。

　また，啓程塾では最新の情報をホームページなどで掲載・更新しております。

　ぜひ，併せてご活用ください。

　啓程塾スタッフ一同，吉報をお待ちしています。

2021年　春

本書について

■ 日本留学試験（EJU）について

日本留学試験（EJU）は毎年6月と11月に行われ，試験科目は「日本語」および「理科」（物理・化学・生物），「数学」，「総合科目」です。

「日本語」試験は，「記述問題」「読解問題」「聴読解問題」「聴解問題」の4種類を組み合わせた試験であり，試験内容・配点および内容は以下の通りです。

種類	配点	時間	試験内容
記述問題	50点	30分	提示された考え方あるいは現状について，400字〜500字程度で自分の意見や解決方法を論じます。
読解問題（25問）	200点	40分	説明文または実用的な文章を読み，選択問題を解きます。一つの文章につき問題は1問から3問までとなっています。
聴読解問題（12問）聴解問題（15問）	200点	55分	音声とイラスト問題をベースにして，選択問題を解きます。基本的には大学講義や学習上の相談に関する問題です。直接的理解能力・関係理解能力・情報活用能力を測るための科目です。
合計	450点	125分	

■ 記述問題

　記述問題では，JASSO が公開した過去問を分析したうえで，設問を作りました。特に，近年に話題になっているテーマまたは社会問題に関するテーマを多く出題しています。

　留学生にもっとも求められるのは専門知識ではなく，「与えられた課題の指示に従い，自分自身の考えを，根拠を挙げて筋道を立てて書く」能力です。

■ 読解問題

　本試験の読解問題は，社会科学系・自然科学系・芸術系など様々なジャンルから出題されます。JASSO が公開した過去問で出題された文章のジャンルを含め，難易度も分析したうえで文章を選定し，設問を作りました。過去問と同様に予想問題の設問形式でも，「要旨問題」，「内容合致問題」，「下線部問題」，「空欄問題」を中心に出題しました。ただし，一部，珍しい問題も出題しています。制限時間の 40 分以内に，25 問を解答することは容易ではありません。留学生に求められるのは，短時間で文章の内容や与えられた情報の関係性を正確に理解したうえで，それらを活用する能力です。

■ 本書の使い方

　本書は，中国語での解説動画と日本語の文章による解説を収録しています。自分自身で解説を確認することで，勉強に役立ちます。本書は 10 回分の予想問題を収録しており，留学生が日本留学試験の形式に慣れるために十分な問題の量となっています。本試験と同じ時間，同じ解答用紙で問題を解いてみましょう。解答後は正解を確認し，間違えたところを整理したうえで，不得意なところを繰り返し勉強してください。最後に，実力をもって本試験に臨みましょう。

中国語動画解説の視聴方法

STEP 1

はじめに，WeChat（微信）で上記の
QR コードをスキャンします。

STEP 2

一番下にある「启程在线」をクリックします。

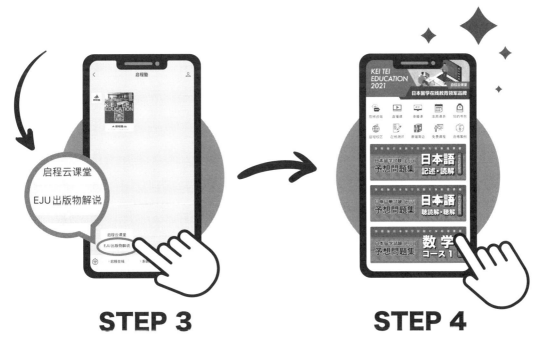

STEP 3

「启程在线」をクリックすると，
「EJU 出版物解説」が表示されます。
「EJU 出版物解説」をクリックします。

STEP 4

視聴したい科目を選んで，解説動画で学習
しましょう。

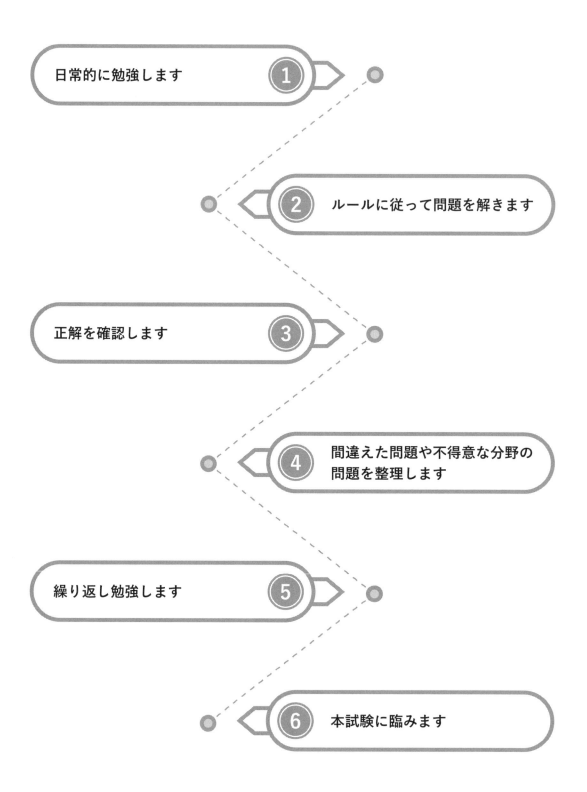

1 日常的に勉強します

2 ルールに従って問題を解きます

3 正解を確認します

4 間違えた問題や不得意な分野の問題を整理します

5 繰り返し勉強します

6 本試験に臨みます

■ 日本留学試験（EJU）
日本語　記述・読解　予想問題

目次

第①回

（制限時間：70分）

記述問題・説明

　　記述問題は，二つのテーマのうち，<u>どちらか一つを選んで</u>，記述の解答用紙に書いてください（テーマ番号を書く必要はありません）。

　　文章は横書きで書いてください。

　　解答用紙の裏（何も印刷されていない面）には，何も書かないでください。

記述問題

　以下の二つのテーマのうち，どちらか一つを選んで 400 〜 500 字程度で書いてください（句読点を含む）。

　①　かつて日本では，画一的な詰め込みではなく，個人の特性を伸ばすゆとり教育を実施しました。しかし，ゆとり教育には，良い点がある一方で，問題となる点もありました。ゆとり教育について，良い点と問題点の両方に触れながら，あなたの考えを述べなさい。

　②　旅費や宿泊費などの経済的負担を軽減するために，有償ボランティア活動が始まりました。しかし，有償ボランティア活動には，良い点がある一方で，問題点もあります。ボランティアの有償化について，良い点と問題点の両方に触れながら，あなたの意見を述べなさい。

読解問題・説明

　読解問題は，問題冊子に書かれていることを読んで答えてください。

　選択肢 1，2，3，4 の中から答えを一つだけ選び，読解の回答欄にマークしてください。

1　次のお知らせと内容が合っているものはどれですか。　　　　　　　　　　**1**

日本伝統音楽和太鼓コンサート

　　日本伝統楽器を実際に見て，聞いて，触れて学べる演奏会です。日本の文化に興味のある皆さん，芸術の秋に伝統楽器を体験しませんか。

日　時：9月21日（土曜日）
第一部：13時30分〜14時30分　　「日本伝統楽器和太鼓コンサート」
第二部：15時00分〜16時00分　　「伝統楽器演奏体験」

参加者の皆さんで簡単な和楽器の演奏に挑戦しましょう

場　所：山田市民会館　第1ホール（駐車場あり）
定　員：40名（定員を超えた場合は抽選制になります）
チケット代：1500円（一部と二部それぞれは同じ値段です）
持　ち　物：アンケート記入要の筆記用具
チケットお問い合わせ：日本伝統楽器協会のホームページの応募フォームから

＊キャンセルのご連絡は001-3344-2233までお電話ください。
＊解説は日本語と英語で行います。
＊演奏の途中から入場することはできません。

1.　参加者数が40名を超過した場合は，応募が終了する。
2.　インターネットでチケットを取り消すことができる。
3.　一部と二部と共に出席すれば，一人は3000円かかる。
4.　ペンなどを持参しなくても良い。

2　次の文章の内容と合っているものはどれですか。　　　　　2

　「でこぼこ」を「凸凹」と書くと，何ともユニークな感じがするであろう。この字の形態の醸し出すイメージともあいまって，漢字ではなく記号として扱われたり，本当の文字を隠す場合の伏せ字に使われたりすることもある。また，この字を日本語の「国字」だという人もあり，筆者の中学時代の数学（図形）の教師はこの二字を板書して，そう説明していた。実際にはそのいずれでもない。歴とした中国産の漢字である。

　この二字は，「当用漢字表」には含まれていなかったが，一九八一年に「常用漢字表」に採用された。「トツ」「オウ」という音読みのほか，「常用漢字表」の付表で，全部で四つの語の例が新規に追加された中に，二字を並べた熟字訓として「でこぼこ」も認められ，義務教育である中学校の国語の授業で教えられている。

　この二字について，どっちが「でこ」で，どっちが「ぼこ」なのか分からなくなった，という声をよく聞く。

（笹原宏之『訓読みはなし』光文社）

1.　凸凹は記号のように扱われているが，実は中国で生まれた漢字である。
2.　凸凹は昔，記号のように扱われていたが，現在では漢字であると知られている。
3.　凸凹は「でこぼこ」を含め，全部で五つの読み方がある。
4.　凸凹は「でこぼこ」と読み，凹凸は「トツオウ」と読む。

3　次の文章で，筆者は哲学の本質はどのようなものだと述べていますか。　　　3

　一方でしかし，哲学は学問ではない，すくなくとも学問の一つではないとする意見もある。この考えによれば，哲学は，ひとが人として生きてゆくうえで，あるいはひとが他の人たちとともに社会生活をいとなむうえで外すことのできない，ほんとうに大事なものは何かと問うものでもあり，ひとが人として絶対に逸してはならないこと，踏み越えてはならないことが何であるかを問いただすものである。この意味で，哲学は学問というよりは，人びとの生活そのものをいわば軸として，背骨として支えてきたものである。社会構築の理念として掲げられてきたものである。

　…（略）…

　その意味では，たとえば経営においてこれだけはゆるがせにできない，これを外したらこの会社でなくなるといった社是（コーポレイト・アイデンティティ）を貫いているのであれば，その企業には哲学があるということになる。じっさい，殖産興業に取り組んだ明治の起業家には哲学があった。いまこの社会にすぐ必要なものは何かという問い，そういう公共的なニーズの探求が，私的利益の拡大以上に起業家を駆っていた。

（鷲田清一『哲学の使い方』岩波書店）

1.　企業の経営理念やコーポレイト・アイデンティティを考える上で，必ず必要となるもの。
2.　学問という一分野に留まらず，生活を支え，社会構築の理念となるもの。
3.　生活全般に行き渡り，生活の基盤になるだけでなく，国家の理念ともなるもの。
4.　社会的なルール，規範となるものではあるが，最終的には学問の一つに分類されるもの。

4　次の文章で，筆者が最も言いたいことはどれですか。　　　　　　　4

　そう，現代の男女がなかなか恋愛や結婚に至らないのは，必ずしも「出会いがない」からとは限らない。「恋愛体質じゃないから」だとも言えない。実は身近な場所で，明日にも出会うかもしれない。今日この瞬間に出会っているかもしれない。

　だったらいますぐできることは，究極のエコ恋愛である"ひと目惚れ"の有効活用。とくに男性には，ぜひ普段から恋愛スイッチをオンにしておいて欲しい。

　というのも，ワシントン州立大学教授のジョン・ゴットマン博士（臨床心理学）いわく，男性はこれはと思う女性に出会うと島皮質が活発化し，"視覚"が研ぎ澄まされるそうなのだ。それだけ"目"が恋の入り口になりやすいわけで，ならばその本能をムダにする手はない。

　たとえいま日常を見回して「出会いがない」と思っても，毎朝の通勤電車の時間帯や休日のジョギングルートを変えてみるだけで違うかもしれない。あるいは，社内の別の部署との関わりが増えることでも変わるかもしれない。まずは自分の"目"を信じて，日常の行動半径をほんの少し広げてみればいい。

（牛窪恵『「エコ恋愛」婚の時代〜リスクを避ける男と女〜』光文社）

1.　毎日の生活で恋愛相手に出会っているかもしれないのに，きっかけがないため知り合いになることができない。
2.　恋愛は，相手の性格や教養がないと続かないので，外見だけで決めるべきではない。
3.　恋愛では，特に男性は外見から入るので，まずは"出会う"機会を増やすといい。
4.　恋愛がしたかったら，まずは出会った人に話しかける積極性を磨くべきである。

5　次の文章で，国の現金給付では現状に<u>合わなくなった理由</u>をどう述べていますか。

<u>5</u>

　すでに指摘したように，男性が主な稼ぎ主であれば，彼らの所得が社会の最大の関心事となる。年金や失業給付，疾病給付といった，賃金代替のための「現金給付」が社会保障の中核に位置づけられた。現金の給付であれば国が直接支払うことが合理的である。

　…（略）…

　だが，少子高齢化によって，高齢者向けの医療や少子化対策が必要となり，女性の社会進出も専業主婦が担ってきた育児・保育，養老，介護といったサービスの代替を加速させた。もはや国が直接現金を給付するだけでは立ちゆかなくなったことは明らかであった。

　共感の喪失と財政ニーズからの乖離――このような近代の袋小路にあって，時計の振り子は大きく反対の方向へと振れていった。それが地方分権の動きである。共感の領域を再強化し，現物給付の提供を充実させて生活を安定させるため，地方財政の役割がいっそう重要なものと考えられていったのである。

（井出英策『経済の時代の終焉』岩波書店）

1.　女性の社会進出や少子高齢化で，人々の財政ニーズが質的に変化したから。

2.　女性の社会進出により，家事労働に男性も参加することになったから。

3.　国の現金給付は，男性と女性の両方に給付するので，国家の財源が足りなくなったから。

4.　女性の社会進出を推進するため，外国からの家事労働者を受け入れたから。

6　四元素の説明について，次の文章の内容と合っているものはどれですか。

6

　　月下の世界は＜火＞と＜空気＞と＜水＞と＜土＞の四つの元素からなるとされます。そこで言われている「元素」はすべての物質の元，究極の物質と考えられています。この四元素を今の言葉で理解すると，＜土＞は固体一般，＜水＞は液体一般，＜空気＞は気体一般，そして最後の＜火＞はエネルギーということになるでしょう。そしてそれらはそれぞれ熱・冷・乾・湿と二組の対立性質の対を基体化したもの，つまり＜火＞は「熱・乾」，＜空気＞は「熱・湿」，＜水＞は「冷・湿」，＜土＞は「冷・乾」の担い手とされています。

　　そして＜土＞と＜水＞は宇宙の中心としての地球の中心をその本来の場所とし，高所で放された石ころが落下し，雨粒が地面に向けて降るのはその本来の場所に戻ろうとするからであり，それにたいして，＜火＞と＜空気＞は宇宙の中心から遠ざかる方向を本来の場所とし，風がなければ炎や煙が真上に上昇するのは，やはりその本来の場所に向かうからであり，このことが諸物体の「重さ」や「軽さ」の起源であると説明されていました。

（山本義隆『原子・原子核・原子力』岩波書店）

1.　四元素はそれぞれ対立する二つの性質を持っているが，重さや軽さとの関係性は低い。
2.　四元素は，今では重量と関係ないことが証明されているが，昔は深い関係性があると思われていた。
3.　四元素が本来の場所へ戻ろうとすることは，地球と宇宙の関係性を表している。
4.　四元素にはそれぞれ本来の場所へ向かう性質があり，重さや軽さはそこから生じた。

7　下線部「成熟を果たした人間にしか，「成熟する」ということの意味はわからない」
理由として，最も適当なものはどれですか。　　　　　　　　　　　　　7

　　成熟を果たした人間にしか，「成熟する」ということの意味はわからない。幼児が
事前に「これから，こんなふうな能力や資質を開発して，大人になろう」と計画して，
そのようにして起案されたロードマップに基づいて大人へと自己形成するということ
はありえない。
　　幼児は「大人である」ということがどういうことかを知らないから幼児なのであり，
大人は「大人になった」後に，「大人になる」とはこういうことだったのかと事後的・
回顧的に気づいたから大人なのである。成熟した後にしか，自分がたどってきた行程
がどんな意味を持つものなのかがわからない。それが成熟という力動的なプロセスの
仕掛けである。
　　そして，なるほど私は成熟を遂げたのだという成熟のありありとした実感を最終的
に担保するのは，理知や概念ではなく，生身の身体なのである。

（内田樹『修業論』光文社）

1.　「成熟」の意味を理解するには，理知や概念で自分の経験を分析する必要がある
　　から。
2.　幼児は自分で自分のロードマップを作って，それを実行することができないから。
3.　「成熟」するプロセスにおいては「成熟」して初めて，その意味が実感できるから。
4.　「成熟」するプロセスで，徐々に大人になることを理解していくから。

8　次の文章は紙媒体とデジタル媒体を比較しています。デジタル媒体とはどのようなものだと述べていますか。　　　　　　　　　　　　　　　　　　　　　　　 8

　　誤報があってはならないというニュース観は，デジタル時代に対応しているだろうか。

　…（略）…

　デジタル環境では，書き換えはいつでも可能かつ必要であり，記述はアップデートを待つ暫定的性格を強く帯びている。当然ながら，最終版で記事が「完成」する新聞紙とは異なったニュース観がウェブ上で生まれている。紙媒体で誤記の訂正は「事故」扱いだが，電子テクストでそれは「通常」作業なのである。

　デジタル環境で新聞が信頼性を維持するためには，誤報防止に力を注ぐより，誤報を早期に発見し正しく訂正するシステムを構築すべきなのである。

（佐藤卓己『流言のメディア史』岩波書店）

1.　デジタル媒体は，情報の変更が簡単な上に誤記もあるため，信用できない。
2.　デジタル媒体では，紙媒体では事故扱いになる誤記が多いので，事故を防止するべきだ。
3.　デジタル媒体と違い，紙媒体では誤記が許されないが，少しは許されるべきだ。
4.　デジタル媒体でおこる誤記は，防止より早く訂正することを考えるべきだ。

9　次の文章で，筆者が男女雇用機会均等法の導入時の状況として述べているのはどれですか。　　　　　　　　　　　　　　　　　　　　　　　　　　　　9

　一九八六年四月，男女雇用機会均等法（以下，均等法）が施行された。

　…（略）…

　その骨子は大きく二つあって，一つは「募集・採用，配置・昇進について，女性を男性と均等に取り扱うこと」である。これは当初は努力義務であるにすぎず，違反に対する罰則規定はなかったが，一九九七年の改正でそのような不平等な処遇は禁止事項になった。もう一つは，「教育訓練，福利厚生，定年・退職及び解雇について，女性であることを理由に差別してはならないこと」である。

　均等法の成立以前は，企業における女性の働き方は限定的なものであった。

　…（略）…

　女性は男性の補助的な仕事や周辺の事務・雑務を担い，男性が仕事を遂行するのをサポートする役割を担っていた。

　また，男性社員が終身雇用で定年まで勤め上げることが望まれたのに対し，女性は結婚を機に退職し，家庭生活に専念するというケースが多かった。

（橘木俊詔『21世紀の日本の格差』　岩波書店）

1. 女性が結婚退職してしまうので，人手不足が深刻になっていた。
2. 多くの女性は結婚しても会社に留まることを希望していたが，当時の風潮では留まることが難しかった。
3. この法律が制定される前も，一部の女性は男性と同じ立場で働けていた。
4. この法律により，女性は男性と同じ働く権利を得たが，当時は徹底されていなかった。

10　次の文章は，鳥の部位である手羽中の特徴について述べています。この文章のなかで特徴として述べられているものの組み合わせはどれですか。　　　　10

　手羽中は肘から手首まで，すなわち前腕に相当する部位である。一般に手羽先という名で販売されている「く」の字型の下半分，「へ」の字型なら右半分である。塩で焼いてよし，タレで炙ってよし，甘辛く煮てよし，鳥肉の中で私が最も好きな部位である。

　…（略）…

　手羽中といえば名古屋，名古屋といえばシャチホコ，シャチホコといえばエビフライである。この部位は翼のコントロールに寄与し，ほどよく鍛えられしまりのある肉質が自慢だ。

　一方で，手羽中は食べにくいことでその悪名を轟かせている。おいしく食べるためには骨を持ってかじりつくしかなく，初デートで食べたくない鳥肉ランキング10年連続チャンピオン（川上調べ）は伊達ではない。お互い緊張せずに手羽中を食べられるかどうかは，交際相手との親密度指標の1つとなっている。

（川上和人『鳥肉以上，鳥学未満』岩波書店）

a　色々な料理法が可能な部位である。
b　手羽中を料理に初めて使ったのは名古屋である。
c　食べ方が汚くなるため，初めてのデートでは好まれない。
d　手羽中は手羽先の一部分である。

1.　aとbとc
2.　bとcとd
3.　aとcとd
4.　aからdのすべて

11　次の文章を読んで後の問いに答えなさい。

　　たとえば，無職で終日自宅で過ごす父に「俺の子育てに文句を言うなら，俺の目に
つかないところへやれ」と言われた母が，ベビーベッドに入れたきょうだいを冷暖房
もない六畳和室に移動させ，自らは深夜長時間働きつつ，合間に<u>一人で対応している</u>
うちに二歳の弟が餓死し，五歳の姉も自立歩行できないほどに衰弱した事件があった。
　　…（略）…

　　他にも，内縁男性に嫌われたくないという理由から，母が男性の目に触れぬよう三
歳の女児をロフトに上げて「降りちゃだめ」と言い含め，死亡させた事例…（略）…
などもあった。

（川崎二三彦『虐待死，なぜ起きるのか，どう防ぐか』岩波書店）

問1　下線部「一人で対応している」背景として最も適当なものはどれですか。　11

1．父が子育てを嫌ったため，母が子ども二人のうち一人だけ世話をしたが，もう一人には手が回らなかった。

2．父が子育てを放棄したため，母だけが二人の子どもの世話すべてを行わなければならなかった。

3．子どもが二人いたので，両親で一人ずつ面倒をみようとしたが，結局父は面倒くさくなり，すべてを母に任せた。

4．父が無職でストレスがたまっており，子どもに暴力をふるう恐れがあったため，母が子どもを別室に移して世話をした。

問2　この文章の内容と合っているものはどれですか。　12

1．女性は男性を優先にしてしまうので，子育てが嫌いな男性とは暮らさない方がいい。

2．女性は子育てとパートナーとの関係を両立させるのが苦手である。

3．女性と男性は共に子育てをするべきなのに，男性はその役割を嫌がることが多い。

4．女性は男性パートナーの機嫌を最優先にし，育児放棄することがある。

12　次の文章を読んで後の問いに答えなさい。

　たとえば，上司という立場の人は，自分の気がつかないうちに，部下に対して「気軽に話しかけるな＊オーラ」を放っているケースが多いようです。上司はそんな気はなくても，部下がそんなオーラを感じ取っているなんてことをよく耳にします。

　部下からすると上司はいつも忙しく見え，声をかけたら申し訳ないと感じさせます。

　解決の手立ては，上司のほうから声をかけることでしょう。ちょっとした会話を上司のほうから振ると，部下も声をかけやすくなるものです。

　とはいえ，上司の立場である人は実際に非常に忙しくてとても部下全員に声をかける時間なんてないよ，と思うことも多そうですね。

　しかし，この状況が続くのは，部下にとっても上司にとっても，そしてその組織にとってもよくありません。なぜなら情報が共有できずに大きなミスを犯すかもしれないからです。本来は緊急性の高いことであっても，部下は「でも状況がはっきりしていないし，ちゃんとまとめて話さなければ上司に叱られそうだ。そもそも忙しそうでとても耳を傾ける余裕なんてなさそうだ」と思ってしまう。

　<u>結果，大きなミスが発生してしまう</u>なんてこともあるでしょう。

　それ以上に好ましくないことがあります。それは，メンバーがその組織に対して愛着が持てなくなっていくということです。それとともに自己重要感も持てなくなっていくということなんです。

　…（略）…

　これは，誰かの役にたてているという実感や，誰かに認めてもらえているということを感じると高まっていくものでもあります。

（三上ナナエ『相手も自分も疲れないほんとうの気遣いのコツ』大和書房）

＊オーラ：人や物が発する独特な雰囲気。

問1　下線部「結果，大きなミスが発生してしまう」理由として，最も適当なものはどれですか。　　　　　　　　　　　　　　　　　　　　　　　　13

1.　メンバーがその組織に対して愛着が持てなくなり，仕事の手を抜くから。
2.　メンバーが上司に，問題点を知らせにくいため，解決や改善が行われないから。
3.　メンバーが自己重要感を持てなくなっていき，責任がある仕事ができなくなるから。
4.　上司がメンバーの意見を聞かず，問題点が放置されてしまうから。

問2　この文章で筆者が言いたいことはどれですか。　　　　　　　　14

1.　チームの中で情報を共有して，上司に伝えられるシステムを今後作っていくべきだ。
2.　上下関係がゆるいと，上司としての威厳が保てないので，厳しさは適度がいい。
3.　チーム内の連絡や報告がうまくいかないと，ストレスがたまって状況が悪化する。
4.　普段から上司が部下と会話をしないと，部下の働く意欲がなくなってしまう。

13　次の文章を読んで後の問いに答えなさい。

　腐生植物を探しに行く場合に大事なのは，先にも述べたとおり，森にゆとりがあるかどうかだ。

　言い換えれば，その森が安定期に入っているかどうかである。腐生植物は，これまで何度も繰り返してきたとおり，森の生態系に取り入り，寄生する存在だ。そのため，森が攪乱状態にあって，不安定だと，生態系そのものがぐらついているため，安全にそれに寄生することが難しい。天然林であれ人工林であれ，まずはその森が安定期に入っていて，その生態系に余裕があり，その余剰分を腐生植物が使ってしまっても動揺が起きないこと，それが腐生植物の生活が（　Ａ　）最低限の条件なのである。

　だから腐生植物にとってのよい森とは，安定期に入った，落ち着いた森ということになる。天然林の場合は，それはふつうの意味での「よい森」とほぼ一致する。そしてふつうは「よい森」とは言わない人工林の場合も，腐生植物を見るときに限っては，安定期に入っていれば，それはよい森なのである。

　人工林の林床にあまりいろいろな種類の植物が見られないのは，1つにはその暗さのせいである。実際，人工林でぱっと見て目につくのは，暗くても育つようなシダ類などがせいぜいだ。

　…（略）…

　しかし腐生植物は，繰り返し強調してきたように，自らが光合成をする必要がない。

（塚谷裕一『森を食べる植物』岩波書店）

問1　（　Ａ　）に入るものとして，最も適当なものはどれですか。　15

1.　飛躍的に発展する

2.　絶滅を避ける

3.　安定的に保たれる

4.　安全に保たれる

問2　腐生植物が生活できる森の条件として，この文章の内容と合っているものはどれですか。　16

1.　寄生するのに十分な量の葉が生い茂り，活発に光合成が行われている森。

2.　腐生植物が生活できる湿度がある森。

3.　安定期に入った，落ち着いた森。

4.　腐生植物が光合成できる最低限の日光がある森。

14　次の文章を読んで後の問いに答えなさい。

　親子の会話がもたらすものの三つめが、「子供の心を安定させる働き」です。

　働いている大人なら、会社帰りに同僚と飲みに行き、日ごろのうっぷんをはき出してすっきりする、というようなことがあると思います。私の場合は、そういうときは、ただひたすら眠ります。冬眠中の熊のように眠ります。たっぷり眠って起きると、ほとんどの場合は回復しています。

　大人たちは、こうしてストレスをはき出すことによって、また次の日からがんばれるのです。

　子供だって同じです。子供も、一日中家の外で活動して、いろいろな人間のなかですごしていますから、子供なりに日々、ストレスをため込んで暮らしています。

　教室では友人関係が、大人の想像以上にけっこうなストレスになりますし、先生たちとの関係もストレスがいっぱいです。日々、いいたいことは山ほどあるはずです。

　それを、子供が家に帰ってきたときに、親子の会話の中ではき出させてやるのです。これはとても大事なことです。

　親が、「へえ、そうなんだ」と聞いてやるだけで、子供のストレスというものはかなり発散されます。ストレスが発散されると、精神の安定がはかれます。親が話を聞いてやるのは、子供の精神の安定上、とてもよいのです。

　さらに、そういう会話を重ねることで親子の間の相互理解が深まり、親子の親密さが増します。

　親子だから黙っていても通じ合える？　とんでもありません。

　…（略）…

　本音の話し合い、腹を割ったコミュニケーションを日ごろからしている親子というのは、子供が大きくなってからも強い結びつきがあります。

　　　　　（親野智可等『「ドラゴン桜」わが子の「東大合格力」を引き出す７つの親力』講談社）

問1　筆者は，子どものストレスは主にどうやって解消されると述べていますか。

17

1.　子供が帰宅した時に，親が子供の話を聞いてあげること。

2.　ストレスを感じたら，ただひたすら，たっぷり眠って起きること。

3.　周囲の大人が「へえ，そうなんだ」と必ず言い，聞いていることを子供に示すこと。

4.　子供の話に耳を傾け，子供を励ますべく適切なアドバイスを行うこと。

問2　筆者は，子供に対して親はどのように対処するのがいいと述べていますか。

18

1.　本音で話し合えるコミュニケーションを，日頃から行うようにする。

2.　話を聞くだけでなく，大人として助言して成長を促すよう心がける。

3.　将来，子供との結びつきを強くするため意味がある会話を重ねる。

4.　子供の意見だと下に見ることなく，大人として本気で意見を言う。

15　次の文章を読んで後の問いに答えなさい。

　<u>バンビシンドローム</u>という聞きなれない言葉についてふれておこう。その頃，アメリカでは，この言葉がとりあげられるようになっていた。バンビとはもちろん，ウォルト・ディズニーのアニメーションに登場する子鹿のバンビである。ぱっちりとした目，白い鹿の子模様を背中にもち，毛はやわらかくて，まだ闘争経験をもたないバンビは，文句なしにかわいい。しかし，このかわいさが嵩じて，動物を擬人化してしまうところが問題となる。

　アザラシの赤ちゃんは，くりくり目玉でかわいい。捕殺の対象などもっての他だ。だがしかし，コウモリは毛嫌いされる，といった具合である。おかげで南西部でなかば野生化している馬なども，なかなか駆除の同意がえられない。感情移入することによって，問題の本質がくもらされてしまうのである。ウォルト・ディズニーは，野生動物に対して一般の人々がいだくかわいさの感情を，ほとんど天才的な感覚でドレスアップした。森のなかにバンビがたたずみ，その白い尾にチョウチョがとまるという有名なポーズは，そのクライマックスともいえる。

　かわいらしさの極大化は，野生動物に対するイメージの皮相な一面化をもたらした。

　ウォルト・ディズニーがアニメーションという手法で，野生動物の世界を茶の間にもちこんだことの意義は大きい。しかし，同時にこのような副作用ももたらしていたというのである。

（岩生謙二『動物園革命』岩波書店）

問1　下線部「バンビシンドローム」の説明として，最も適当なものはどれですか。

19

1. バンビをかわいらしいアニメーションにすることで，世界中にバンビのファンが増えたこと。
2. ウォルト・ディズニーが野生動物をかわいらしくドレスアップして，野生動物に対する恐怖を親近感に変えたこと。
3. 野生動物が人間と同じ感情を持つ生き物だという考えを，人々が持ってしまったこと。
4. 野生化した動物や危険な動物を駆除したくても，社会的風潮がそれを許さなくなったこと。

問2　この文章の内容と合っているものはどれですか。

20

1. ウォルトはアニメーションの力を，動物愛護の運動に役立てようとし，親近感を感じるバンビをつくり上げた。
2. アニメーションでは動物が，よりかわいく人間らしく描かれるので，人々は彼らが同じ感情を持つと錯覚してしまう。
3. 野生動物が人間と同じような心を持つことは決してなく，擬人化は危険な発想である。
4. アザラシがかわいく，コウモリがかわいくない等，動物の価値を見た目で決めてしまうことは，非常に不公平である。

16　次の文章を読んで後の問いに答えなさい。

　「女の子写真」，あるいは「ガーリー・フォト」という言い方には，どこか揶揄や否定的なニュアンスが含まれている。フェミニスト的な視点に立てば，日本文化における若い，"カワイイ"女性に対する異常なほどの関心は，男性中心社会の歪んだ欲望のあらわれといえるだろう。一九九〇年代半ばに一種の社会現象となった，十〜二十歳代の女性写真家たちの"ブーム"にも，たしかにそのような側面があったことは否定できない。

　とはいえ，彼女たちの登場を単純にファッションや性の商品化という観点だけでとらえると，戦後写真史における大きな＊エポックが逆に（　Ａ　）とも思う。ここではあえて「女の子写真」という言い方で，あの不思議なエネルギーが渦巻いていた日々をふり返ってみることにしよう。

　何かが変わってきたと感じたのは一九九二〜九三年頃だったと思う。僕自身も審査員を務めていたのでよくわかるのだが，この頃から現在に至るまで若手写真家の登竜門として大きな役目を果たしてきた「写真新世紀」（キヤノン主催），「写真ひとつぼ展」（リクルート主催）といった公募展で，女性の入賞者の比率が急速に上がっていった。九一年のスタート当初は，この二つのコンペとも入賞者の比率は男性が上回っていた。

（飯沢耕太郎『戦後写真史ノート』岩波書店）

＊エポック（epoch）：新しい画期的な時代

問1　（　A　）に入るものとして，最も適当なものはどれですか。　　　21

1．見えにくくなってしまうのではないか

2．女性であることを強調してしまうのではないか

3．世間の注目を集めてしまうのではないか

4．間違った印象を与えてしまうのではないか

問2　下線部「何かが変わってきた」とありますが，筆者はなぜそう考えましたか。

22

1．モデルや女優だけではなく，若い女性写真家が増えてきたから。

2．雑誌で女性モデルの人気が高まってきたから。

3．"かわいい"がブームになり，若い女性の人気が高まったから。

4．公募展で入賞する女性写真家が増えてきたから。

17　次の文章を読んで後の問いに答えなさい。

　リストカットなどの自傷行為も，誤解されやすいものです。現在，(1)自傷行為は，嗜癖の一種として理解されています。自傷行為者の約半数に，性的虐待や身体的虐待などの被害体験があったことが，いくつかの調査結果で認められています。自傷行為はトラウマ反応のひとつ（「自己破壊的行為」）でもあり，トラウマ反応への対処でもあります。激しい怒りや不安，緊張，気分の落ち込みといったつらい感情を和らげるために，自傷行為は短期的には有効です。はたからは「痛そう！」と思われますが，心の痛みへの鎮痛効果は高いのです。自傷を繰り返す人の場合，血液内の脳内麻薬様物質（エンケファリンやベータエンドルフィン）が，自傷直後に増えていることがわかっています。また，自傷行為には，解離反応を誘発したり，逆に解離から戻ったり，意識覚醒レベルを調節する機能もあるようです。

　自傷というと，(2)誰かの気を引く行為，派手に人に見せびらかして同情を買う行為，と思われがちです。血や刃物，傷痕といったイメージが強すぎるせいでしょうか。けれど実際にはほとんどの自傷が，一人でこっそりとなされています。自傷研究の第一人者，松本俊彦氏は，自傷は，本来誰かに助けを求めたり相談すべきところを，自分一人で苦痛を解決しようとする行為であり，簡便かつ即効性のある手段であり，根底には人間不信があるといいます。自殺とは違い，死なないための手段，なんとかやりすごすための行動なのですが，自傷行為には嗜癖性があるため，長期的に見れば，命の危険も高まります。

　松本氏は，自傷が精神保健の専門家からも(3)「演技的，操作的行動」とみなされている現状を憂い，自傷行為者への対応のポイントとして，①告白は回復の始まりだと認識すること，②頭ごなしに禁止しないこと，③肯定的側面を認めてあげる，④「切らない約束」を求めない，⑤一人の援助者が抱え込まない，⑥親に内緒にしない，⑦他の若者に知らせない，⑧精神科治療は懲罰ではない，という八つをあげています。

（宮地尚子『トラウマ』岩波新書）

問1　下線部（1）「自傷行為は嗜癖の一種として理解されています」の理由として，最も適当なものはどれですか。　　　　　23

1. 自傷行為者の大多数が，虐待などの被害を経験しているから。
2. 過去の悲惨な体験によるトラウマを，短期的に和らげるから。
3. 自傷行為は，現在の辛い状況を，短期的に和らげるから。
4. 過去の悲惨な体験を再現するのだが，それで死なないと確信できるから。

問2　下線部（2）「誰かの気を引く行為」とありますが，この文章では実際の自傷行為は，どのようなことだと説明していますか。　　　　　24

1. 周囲の注意を引こうと，自傷行為を意味するような発言をすること。
2. 周囲の人と親しくなりたくて，自分の悩みや問題を相談すること。
3. 周囲にわからないように，人目につかないように行われること。
4. 周囲にわからないように見せて，実際は簡単にわかるように行われること。

問3　下線部（3）「「演技的，操作的行動」と見なされている現状を憂い」の「現状」とはどのようなものですか。　　　　　25

1. 今から自傷行為をすると宣言することで，周囲の制止を期待している現状。
2. 自傷行為そのものが快楽となり，やめられなくなっている現状。
3. 自分への注目が欲しくて自傷行為をしている，と誤解されている現状。
4. 本当は死ぬつもりなのに，何度も失敗して周囲に迷惑をかけてしまう現状。

第②回

（制限時間：70分）

記述問題・説明

　記述問題は，二つのテーマのうち，**どちらか一つを選んで**，記述の解答用紙に書いてください（テーマ番号を書く必要はありません）。

　文章は横書きで書いてください。

　解答用紙の裏（何も印刷されていない面）には，何も書かないでください。

記述問題

　以下の二つのテーマのうち，どちらか一つを選んで 400 〜 500 字程度で書いてください（句読点を含む）。

　①　現代社会は，個人の特性が尊重される社会です。しかし，協調性を必要とする学校や社会では，どのように個性を生かす事が出来ると思いますか。個性と協調性の両方に触れながら，あなたの意見を述べなさい。

　②　コミュニケーションの手段として，「手紙やメールでのやりとりで十分だ」という意見がある一方で，「直接会って話をする方が優れている」という意見もあります。両方の意見に触れながら，あなたの意見を述べなさい。

読解問題・説明

　読解問題は，問題冊子に書かれていることを読んで答えてください。

　選択肢 1，2，3，4 の中から答えを一つだけ選び，読解の回答欄にマークしてください。

1　次の広告の内容と合っているものはどれですか。

留学生におすすめの携帯プラン

この夏から，留学生向けの携帯プランが登場！

2021年7月1日〜8月31日まで初月無料キャンペーン実施中！

ご家族との通話や国際通話が多い方におすすめのプランです。

SIMカードを差し替えるだけで，携帯も番号もそのまま引き継げます。

A	B	C	D
料金：2000円	料金：2300円	料金：2500円	料金：2980円
国際通話…	国際通話：	国際通話…	国際通話…
100円／分	10分無料	かけ放題	かけ放題
データ…3GB	データ…5GB	データ…7GB	データ…使い放題

ご質問やご相談はお客様相談センターでいつでも受け付けておりますのでお気軽にご連絡ください。お問い合わせ：0120-8888-6666

プランの確認，お申し込みはお近くの携帯ショップで承ります。

ご契約期間は2年間です。途中で契約解除する場合，解除料9800円（税抜き）がかかります。

＊お友達の紹介で割引券プレゼント！詳しくは学校ホームページをご確認ください。

---

1. 2年の契約期間を過ぎれば無料で契約解除できる。

2. SIMを替えた後，携帯番号を交換しなければならない。

3. 初月無料キャンペーンを申し込みしようとする者は，9月1日から携帯ショップに行けば良い。

4. Dプランを利用すると，12分間の国際通話代は1200円である。

2　筆者は，初期人類についてどのように説明していますか。　　　　　　2

　　初期人類がアフリカに登場したのは今から500万年前（700万年前という説もある）
であるが，地球の歴史全体を俯瞰すると，比較的平穏な気候が続いた500万年間だっ
たといえる。地球上では，これまで何度も，天変地異ともいうべき気候の大変動があり，
そのたびに生物の大量絶滅があったからだ。
　　…（略）…
　　このような，比較的平穏な気候を背景に，初期人類は水路沿いに生息範囲を広げて
いったが，およそ10万年周期で氷河期が襲ってきたため，寒冷になった地域に生息
していたホモ属は絶滅し…（略）…そのたびに新しいホモ属がアフリカで誕生しては
ゆっくりと生息範囲を広げ，栄枯盛衰をくりかえしたようだ。
　　そして25万年ほど前，現在の私たちの直接の祖先と考えられる，最初のホモ・サ
ピエンスが，アフリカ東部に誕生する。

　　　　　　　　　　　　　　　　　（夏井睦『炭水化物が人類を滅ぼす』光文社新書）

1.　初期人類が誕生した時代，気候は極寒だった。
2.　初期人類が生息範囲を広げられたのは強い意志があったからだ。
3.　10万年周期の氷河期でホモ属はすべて滅びた。
4.　ホモ属は絶滅と新しい誕生を繰り返したのち，私たちの直接の祖先となった。

3　次の文章の内容と合っているものはどれですか。　　　　　　　　　　3

　日本企業では，従業員全員が守らなくてはならない就業規則はあっても，個々のポジションの職務を定めるジョブ・ディスクリプションが作成されることはまずありませんし，企業が正社員一人ひとりと雇用契約を結ぶ，といったこともありません。したがって，それぞれの社員の仕事の範囲はあいまいで，成果もはっきりとは定義されていません。

　…（略）…

　そうすると，企業は社員のインプット，たとえば社員が仕事に投入した「時間」を買い取ることになります。つまり，成果主義に移行したといいつつ，時間に対して給料を支払うという昔の慣習から抜け切れないのです。だから，社員が八時間以内に仕事を終えてしまうと，その人は暇なのではないかと疑われてしまい，…（略）…それどころか，もともと仕事の範囲があいまいなわけですから，社長が「花見の場所取りをしてくれ」と言えば，社員は断ることができないということも起こりうるのです。

（本間浩輔『残業の９割はいらない』光文社新書）

1.　日本企業は実質的に成果主義に移行した。

2.　日本企業の社員は日常職務とは無関係なこともやらされる。

3.　日本企業では就業規則よりも社長の指示のほうが重要だ。

4.　日本企業の社員は職務の範囲を超えてはいけない。

4　筆者は学生の「社畜」という言葉に対して，どんな考えを持っていますか。　　4

　今でも忘れられない言葉があります。数年前，厳しい就職活動を乗り切って大企業から内定をもらった私のゼミの男子学生が，卒業していくとき「これから，社畜になります」と言ったのです。…（略）…彼が使った「社畜」という言葉は，普通の辞書には載っていません。この言葉は，自虐的に，かつ比喩的に，企業の奴隷になることを意味するときに使われます。

　…（略）…

　どうして未来への希望にあふれているはずの若者が，こんな悲壮な覚悟で社会に出ていかなければならないのでしょうか。…（略）…最終的にめざすべきことは，「やりたくない仕事はしなくてよい」と言えるような自分になることです。

（大内伸哉『君の働き方に未来はあるか』光文社新書）

1.　「社畜」は辞書に載っていない言葉だから使うべきではない。
2.　厳しい就職活動を乗り越えたあとの心境は「社畜」がぴったりだ。
3.　「社畜」は企業の奴隷を表すが，働くにはそれくらいの覚悟が必要だ。
4.　希望ある若者は「社畜」のような気持ちを持って働くべきではない。

5　次の文章で，筆者は，相手に配慮することについて何と述べていますか。　　5

　　昨今は，他者の携帯電話のメールを読んでも，平然としていられる人が珍しくないようだ。親だから，親しい間柄だからといって，相手のものを勝手に見てよいわけではない。

　　…（略）…

　　また，相手の内面への配慮という意味では，「いいにくいことをあえて伝えることは親切である」という考え方も，自己中心的であるように思う。

　　人の長所と短所を見抜き，ただ批判をすることは簡単だ。しかし時や言い方を考えずに，それをそのまま伝えることは，相手に恥をかかせるだけであり，悪口を言っていることにすらなりかねない。

　　知人が「先日訪れたレストランのご主人が，客の前でスタッフに厳しいことばかり言っていたので，聞いていて不愉快になった」と話していたが，伝えるタイミングや状況を誤ると，周囲の人に不快感を与える原因をつくってしまう。

　　江戸時代に武士の心得を説いた『葉隠』には，相手が自分のことばに耳を傾けてくれるかどうかを判断し，伝え方や時期を考えることが大切である，と記されている。

　　近しい人には，時間を空けずに思ったことをすぐに伝えてしまいがちだが，相手にはこころが存在することを，誰よりも理解しておく必要がある。

（小笠原敬承斎『武家の躾』光文社新書）

1.　自分と相手の関係が深くても，伝えるタイミングは配慮すべきだ。
2.　人の短所をストレートに批判することは，相手にとってもいいことだ。
3.　人の長所をほめる場合は，時や言い方を考えなくてもいい。
4.　現代人は江戸時代の武士の心得について学んだほうがいい。

6　次の文章で，筆者は，食べることについて何と述べていますか。　　　　 6

　食べることは生命維持に絶対必要な行為であり，その意味では排泄や睡眠と同じで，生命体にとってもっとも根源的な行為といえる。

　おそらく動物にとって，食とは「楽しみ」とは無縁のものではないかと思う。草食動物が草を食べるのは，楽しいからでも草の食味を楽しんでいるからでもないだろうし，ライオンが獲物を楽しみながら食べているわけでもないだろう。

…（略）…

　人類もおそらく，本来はそうだったはずだ。縄文人も弥生人も生きるために食べていて，楽しみとして食べていたわけではなかったと思われる。

（夏井睦『炭水化物が人類を滅ぼす』光文社）

1．縄文人など古代の人間は楽しみよりも生きるために食べていたと考えられる。

2．生命維持の観点に立てば，食べることは排泄や睡眠よりも大切な行為だ。

3．草食動物はひそかに草の味を楽しんでいるが，そのことは人間にはわからない。

4．一般的に動物は楽しみのために食べてはいないが，人間に飼われるペットは例外だ。

7　正社員と非正社員について，次の文章の内容と合っているものはどれですか。

7

　企業が非正社員を必要とする主たる理由は，景気変動があるからです。企業経営には波があります。うまく行くときもあれば，うまく行かないときもあります。正社員は，景気が悪化して経営がうまく行っていないときでも，解雇されることはあまりありません。法律上も，解雇は制限されています。それに，循環的な景気の波に応じて解雇をしたりしていると，景気が回復したときに経営を支える正社員がいなくなってしまいます。したがって，景気の変動に応じた雇用量の調整は，正社員ではなく，非正社員で行う必要が生じます。つまり，非正社員は景気変動の調整弁でもあるわけです。

　こうした現状をふまえると，もし非正社員を減らしていくとするとどうなるでしょうか。正社員のなかから景気変動の調整弁になる者を探していかざるをえません。もちろん，正社員を非正社員と同様の景気変動の調整弁として取り扱うことは，現在の法律からすると容易なことではありません。

（大内伸哉『君の働き方に未来はあるか』光文社新書）

1.　非正社員は景気変動の調整弁の役割を自ら担っている。

2.　企業は景気変動への対応のために非正社員数を調整する。

3.　企業は正社員も非正社員もいつでも自由に解雇できる。

4.　正社員が景気変動の調整弁になることは倫理的に禁止されている。

8　次の文章の（　A　）と（　B　）に入るものとして，最も適当なものはどれですか。

8

　現在，女性の格差が拡大している。それはかつてのように，単に夫の所得の多寡（たか）に帰せられる格差ではない。自分自身が稼ぎ出す所得，その背景にある自分の学歴，その背景にある親の階層，そして自分自身の性格，容姿など，様々な要因によって形成される（　A　）の格差である。

　30年ほど前まで，男性社会によって差別されていた女性たちは，ただ女性だからという理由で女性らしくしなければならないという差別を受けていた。その意味で，ほぼすべての女性が一つの「類」として平等であり，女であることだけを理由に共同戦線を張ることができた。

　…（略）…

　しかも，その学歴，性格，容姿などが，純粋に個人の能力と努力だけの産物というわけではない。それらは（　B　）によっても大きく規定されてしまう可能性が高い。男女の差別，男女間の階層性ではなく，女性同士の差別，そして個々の女性の背景にある親の階層性による差別が，今，拡大しているのだ。

（三浦展『下流社会　新たな階層集団の出現』光文社新書）

1.　A：人生　　　　　　　　B：個人のライフスタイル
2.　A：女性社会　　　　　　B：女性の要因
3.　A：ライフスタイル全体　B：親の階層
4.　A：男女間　　　　　　　B：男女間の差別

9　次の文章で，筆者は，多忙な母親は子育てにどんな思いを持つと言っていますか。

9

　世の中の多くの子育て中の人にとって，人生のかなりの時間と労力を費やしておこなう子育ては，もし親が「自分中心」に考えたとすれば，まぎれもなく自己犠牲的な行為である。親からしてみれば，「自分の時間が奪われる」「やりたいことができない」ということになり，ボランティア精神でもないとやっていられないかもしれない。

　ましてや，今では，働く母親も増えている。…（略）…また，外で働かずに子育てに専念しているように見える母親でも，地域のことや親の介護，学校や幼稚園の役員など，さまざまな仕事に時間を割かなければならない。

　そうした忙しい日々の中で，もし「子育ては大変だ」という気持ちばかりが先に立って子どもと関わっていたとしたら，親にはますます，「子どもと過ごす時間を早くやり過ごしたい」「子どもと離れて自由な時間が欲しい」などという思いばかりが募ってしまうだろう。すると，せっかく子どもと関わっていても，頭の中では他にやりたいことや，次にやらなければならないことばかりを考えてしまい，肝心の目の前の子どもに，「心ここにあらず」の状態で関わることになってしまう。

（山口創『子育てに効くマインドフルネス』光文社新書）

1.　自分の時間が奪われるから子どもは要らない。
2.　目の前に子どもがいても他のことを考える。
3.　子どもといっしょにすごす時間を大切にしたい。
4.　子どもとゆっくり関わりたいから，仕事をやめたい。

10　筆者は，動物の食習慣について，どのように説明していますか。　　　　　　10

　人間に限らず，動物も原則として，「甘味・塩味・旨味」好き，「酸味・苦味」嫌いである。チンパンジーの赤ちゃんも強い酸味や苦味を味わうと顔をしかめる。動物は草食動物，肉食動物，雑食動物に分類できるのだが，肉食動物は苦味に対して敏感である。雑食動物は肉食ほどではないにせよ，ある程度苦味に敏感であるのに対して，草食動物は，苦味に鈍感である。動物でも，食習慣によって，味覚の発達は異なるのだ。

　人間は，やや肉食寄りだが，雑食動物ということになるだろう。草食動物が苦味に対して鈍感なのは，普段食べている植物に苦味が含まれているので，その苦味を許容できないと，差し障りがあるためであろう。…（略）…彼らが人間が食べているものを認識していれば，逆に「人間は，スゴいもの食ってるなあ」と思うだろう。まず加熱したものを食べているのが「スゴい！」と思うはずだ。人間以外は熱いものを食べる習慣がないのだから。

（鈴木隆一『「味覚力」を鍛えれば病気にならない』講談社）

1.　動物たちは加熱したものを食べる習慣がないが食べられないわけではない。
2.　肉食動物は甘味や塩味が好きなので敏感に反応する。
3.　草食動物は日常的に植物を食べているので，苦くても気にならない。
4.　雑食動物は肉食動物よりも苦味に敏感に反応する。

11　次の文章を読んで後の問いに答えなさい。

　　ネットでバラバラに得た知識では，前後関係や因果関係がわからなかったりして，意外に役に立たないことがあります。

　　一方，本の形になっているものは，内容はピンからキリまであるものの，それぞれが一応，体系的に一つのまとまった世界として内容を提示しようとしています。本を読むことによって，体系的に物事を知ることができるのです。

　　あるテーマについて，いったん本で，編集された順序，あるいは体系を身につけておくと，それが一つの基準になり，後で別の情報を処理するときにも，効率よく考えることができます。後であれば，ネットで断片的に情報収集しても，<u>自分の中で整理できるようになります</u>。

　　もう一つ大事なことがあります。それは，ネットで得られる情報は，＊玉石混淆（ぎょくせきこんこう）だということです。（　Ａ　），優れた第一線の専門家がブログなどで情報提供しているものもありますが，単に思いつきだったり，勘違いや思い込みで書いていたりするものも多数あります。

　　それに対して，本は少なくとも著者の他に，編集者と校閲者が，書かれた内容のチェックをしています。

　　他人の目ということでいえば，本の文章は，他人の目を通っているため読みやすくなっているということもあります。

（池上彰『学び続ける力』講談社）

＊玉石混淆：有る物と無い物とが，混在していること。

問1　（　A　）に入るものとして，最も適当なものはどれですか。　⬚11⬚

1.　もちろん

2.　なぜなら

3.　しかしながら

4.　かといって

問2　下線部「自分の中で整理できる」とありますが，具体的にどのようなことを指していますか。　⬚12⬚

1.　読書を通して順番にテーマを学んでも，ネット上の情報を取捨選択できない。

2.　本のまとまった世界があれば，ネット情報の真偽を確認できる。

3.　本の知識はどれも正しいので，自分の勘違いや思いこみを修正できます。

4.　本で得た体系的な知識があれば，それを基準にしてネット上の情報を評価できる。

12　次の文章を読んで後の問いに答えなさい。

　数字は客観的だから，だれが見ても同じだろ，と皆思いがちです。でも，そうでは
ないんです。

　…（略）…

　1万円というデジタルなデータは，客観的なデータです。しかし，「1万円」は我々
の心にニュートラルに客観的に入り込んではきません。それは主観的な情報として受
け止められます。

　1万円を大金と考える人もいるでしょうし，はした金と考える人もいるでしょう。
それは文脈にも依存します。今日のお昼代1万円は結構な額ですが，今月の生活費1
万円はかなり厳しい数字でしょう。

　「数にはクオリアがある」という事実は，数学者の森田真生さんに教えていただい
たことです。そして，その数の捉え方は人によりけりで，そこには客観的で皆が共有
できる基準があるわけではないのです。

　その「基準がない」ということを理解しておくことも，リスクを語るうえではとて
も大事なのです。こちらが「小さい数字」と思って出した情報が，相手には「すごく
大きな数字」と捉えられかねません。「成功率99％の手術」は，外科医にとっては「成
功率が高い手術」を意味するでしょうが，「万が一にも」のたとえがあるように，1％
という数字をとても大きな数字に捉える人だっているのです。

　フレーミング（効果）といって，数字の「出し方」も問題です。「手術の成功率
70％」というと，肯定的に捉える人が多いですが，「手術の失敗率30％」というよう
にネガティブな側面を出すと，同じ情報でも否定的に捉えられます。

　数字にはこのような，主観的な，クオリアを含んだ属性があることは，リスク・コミュ
ニケーションを扱う者は必ず熟知していなければなりません。

　1万円は単なる数字ですが，価値中立的ではありません。そこには「高い」「安い」
といった主観が必ず入ります。しかも，この解釈は厄介なことに，人によって異なる

ものです。

（岩田健太郎『「感染症パニック」を防げ！』光文社新書）

＊クオリア：感覚的な質

問1　筆者は「1万円」をどのような情報だと述べていますか。　　　13

1.　1万円は誰が見ても1万円だ。
2.　主観的には少ないが客観的には多い。
3.　昼食代としては高いというのは主観的だ。
4.　1万円には高いか安いかの基準がない。

問2　筆者は数字についてどのように考えていますか。　　　14

1.　どんな数字でも中立的な価値を持っている。
2.　数字には客観的なクオリアがある。
3.　数字はフレーミング効果の影響を受ける。
4.　数字に対してみんな同じ主観を持っている。

13　次の文章を読んで後の問いに答えなさい。

　事典は，疲れたときに読む本として最適である。

　ボクは読書が好きだが，四六時中本を読んでいるわけではない。忙しかったり眠かったりすると，読書は思うように進まない。この理由は直接的には，長い文章に頭がついていかないということだ。こういうときでも，短い文章ならさらさらと読める。疲れた胃が脂っこいものを受け付けなくても，お茶漬けなら食べられるのに近い。

　この点，事典はひとつの項目が短く完結している。数十文字だけ読んでも意味がわかる。説明が長かったり興味が持てなかったりする項目は飛ばしても，理解を妨げることはない。言ってみれば一般の書籍は長文のブログで，事典はツイッターである。構えずに眺めていればするすると中身が頭に入ってきて，そして出ていく。この循環は案外と快適で，繰り返しているうちにその内容を覚えてしまうこともある。これが教養となって頭の中に蓄積されていくのである。

　また，小刻みな知のインプットが刺激となって，元気が出てくることもある。本を読む気力が失われていると感じたら，事典を読むことでウォーミングアップをするのもひとつの手だ。

　さらに，広く浅く小さな知識を仕入れていくと，ものごとを俯瞰して捉えることができるようになってくる。

　ひとつの物語に狭く深くのめり込むと，それはそれで楽しいのだが，近視眼的になりがちだ。一方，雑多な知識をつまみ食いしていると視野が広がり，それに伴って楽しみの幅も広がっていく。

　そのためボクは，何かに集中しすぎているときや気分転換が必要なときには，事典を開くことにしている。

（成毛眞『教養は「事典」で磨け』光文社新書）

問1　下線部「この循環」が指している内容はどれですか。　　15

1.　説明を読んでは忘れるということを繰り返す。
2.　説明を全部読むことと飛ばすことを繰り返す。
3.　長い文章と短い文章を交互に読む。
4.　一般の書籍と事典を交互に読む。

問2　筆者は，事典を読むことの長所についてどう述べていますか。　　16

1.　項目が短く完結しているので，一度読んだだけで覚えられる。
2.　事典を読むと，どんなに長い本でも無理なく読むことができる。
3.　広く浅く小さな知識が身につくので，自分でも物語が書けるようになる。
4.　雑多な知識により，ものごとを幅広く見ることができるようになる。

14　次の文章は，ヒョウタンという植物について書かれています。読んで，後の問い
に答えなさい。

　ヒョウタンは軽い上，中が空洞で，水入れとしてはこの上なく重宝である。そのため，
世界各地において土器に先立って使用された。「人類の原器」に値しよう。ヒョウタ
ンの形は，くびれのあるいわゆるヒョウタン形だけではない。球形から棒状，また壺
形と多様である。日本を除く世界各地で，初期の土器が壺形をしているのも，壺形の
ヒョウタンがモデルであった可能性が高い。自由な発想であれば，座りの悪い丸底よ
りも筒形などの方が適していよう。

　ヒョウタンは世界で生活用具として使われ，その用途は，水，酒や油などを入れる
各種の容器のほか，帽子，髪飾り，装身具，…（略）…呪具や祭器，薬用，また，シ
ンボルと実に多様で，楽器の種類を分けず一つと扱っても，何と二四〇を数える。

　…（略）…

　ヒョウタンは軽くて液体がもれない，音の響きのよい空洞を持ち，加工が容易で，
自家生産できるなどの長所から，土器，木製品，金属，陶器，ガラスなどにとって替
られることなく，世界で広く利用されてきた。それが二〇世紀の後半から，石油製品
のビニールやプラスチックに，その座を奪われてしまった。まだ楽器や芸術の分野で
は現役だが，生活用品としてのヒョウタンは世界各地で衰退の一途である。

（湯浅浩史『ヒョウタン文化誌』岩波書店）

問1　ヒョウタンの長所は何ですか。　　　　　　　　　　17

1. 軽くて，様々な形がある。
2. 軽くて，簡単に加工できる。
3. 自家生産でき，食糧を保存できる空洞がある。
4. 自家生産でき，美しいくびれがある。

問2　ヒョウタンのかつての用途は何ですか。　　　　　18

1. 楽器や椅子
2. 帽子や木製品
3. 水筒や祭器
4. 武器や髪飾り

15　次の文章を読んで後の問いに答えなさい。

　常識では理解できない不条理な犯罪が毎日のようにマスコミで報道され，テレビのワイドショーでとりあげられる。そこには，心理学，精神分析の専門用語を使い，こうした理解不能な現象をわかりやすく説明する評論家たちが登場する。常識で理解不能な犯罪を犯す人たちは，どこか自分たちとは違っている——こういう一般的な解釈に，心理学や精神分析の言葉が活用されていくのである。

　でも，こういう説明に，人々は本当に納得しているのだろうか。評論家たちの説明を聞くことで，自らの日常の暮らしは，安定していくのだろうか。

　マスメディアに充満する心理学や精神分析の言葉は，理解不能な他者を多くの人の日常から「切り出し」「外へ遠ざける」役割を果たしているようだ。

　もちろん私は，心理学や精神分析という学問が，そのような役割を果たすものだとは思っていない。マスメディアで語られるそうした言葉が，結果として私たちの日常に与える効果のことを語っているのである。

　もう一度繰り返そう。例外的な他者をつくり，それを自らの暮らしから排除することで，私たちの気持ちや暮らしは安定するのだろうか。

　おそらくそうではないだろう。…（略）…個人の心理や精神のありようを調べ，自分とどう異質でどう一致するのかを明らかにするのではなく，普段の暮らしの中で，自分は他者とどう関係しているのか，他者とどう繋がれなくなっているのかを明らかにしたい，他者との関係の中での自分の位置，自分の場所を知りたいと思っているのではないだろうか。

（好井裕明『「あたりまえ」を疑う社会学』光文社新書）

問1　筆者は，ワイドショーは犯罪をどのように報道していると述べていますか。

19

1. 評論家は専門用語に頼り，自分の考えを述べようとしない。
2. 視聴者が不可解な犯罪を理解できるように伝えている。
3. 犯罪者の異常性を強調して人々を不安にさせている。
4. 犯罪者も一般人と同じ心を持つことを説明している。

問2　筆者は，私たちは安定のために何を望んでいると考えていますか。　20

1. 心理学や精神分析の言葉を学ぶこと
2. 例外的な他者を作り，自分は正常だと判断すること
3. 自分と他者の関係性を知ろうとすること
4. 犯罪者の異常心理は自分にもあるのだと悟ること

16　次の文章を読んで後の問いに答えなさい。

　労働力が減少してしまうのを補うのには，外国人労働者の受け入れが考えられるが，さまざまな規制から簡単には進まない。そもそも＊古今東西，労働力不足を外国人労働者の受け入れで補おうとしてうまくいった事例はない。外国人労働者を受け入れた当初はよくても，時間が経つにつれて問題が生じている。今後，グローバル化が進むにつれて，日本で働く外国人は増加するが，労働力不足を一気に補うほど受け入れることは難しいだろう。

　そこで，頼りになるのがロボットだ。工場などの生産現場はもちろん，介護や清掃といった分野でもロボットが活用されるようになる。実は，ロボット産業を強化して，ロボットを積極的に活用するというのは国策なのだ。

　…（略）…

　今後，ロボットの普及拡大が進むが，そこには多くのビジネスチャンスがある。ロボット関連企業はこれから大きく業績を伸ばしていくだろう。

　学生に馴染みのあるロボット関連企業は少なく，社名すら聞いたことがない企業がほとんどだろう。しかし，学生の間では無名でも，技術力がある優良企業が多い。就職先としてロボット関連企業を意識していただきたい。

（田宮寛之『新しいニッポンの業界地図』講談社）

＊古今東西：昔から今まで，いつでもどこでも

問1　下線部「多くのビジネスチャンスがある」の理由として，最も適当なものはどれですか。　　　21

1.　外国人労働者が規制で減り，働くロボットのニーズが増えたから
2.　働く人が減っている日本ではロボットの導入が必要だから
3.　生産現場や介護などの分野は人よりロボットのほうが得意だから
4.　優れたロボット関連企業がまだ少ない今なら市場を独占できるから

問2　筆者は，労働力不足を補うためには，何が必要だと述べていますか。　　　22

1.　優秀な学生をロボット関連企業に就職させること
2.　ロボット導入と並行して外国人への規制を緩和すること
3.　グローバル時代に合致するべく外国人を受け入れること
4.　様々な分野でロボットを活用すること

17　次の文章を読んで後の問いに答えなさい。

　以前，私は鳥類の嗅覚も研究していました。その研究のなかでも，とくに興味深いのがミズナキドリの嗅覚です。朝，巣から飛び出し…（略）…夕方に帰巣します。そのとき，なんと自分の巣の上空から羽を閉じて落ちるように帰巣するのです。運が悪いと途中の木の枝などに引っかかってしまいますが，落ちたところからヨタヨタと歩いて自分の巣穴に帰ってくるという，たいへん面白い生態を見せる鳥です。

　この帰巣行動こそが，ニオイによるものだと考えられるのです。その理由として，まず，ミズナキドリは非常に嗅覚が発達していることが私たちの生理学的研究で判明したこと，そして巣に帰ってくるのは，風が穏やかに吹いている日に限られているからです。

　たとえ月がこうこうと輝いて明るくても，風が強すぎたりまったくない日は巣に帰らず，海に浮いたまま過ごしています。…（略）…このミズナキドリの帰巣行動は，巣のニオイを風が運んできてくれるのを待っているからだと推察できるのです。

　またトビは獲物を捕らえるとき，最初は（　Ａ　）を確認し，近づくにつれて（　Ｂ　）。ニオイは線香の煙のように，大気の気流に乗って徐々に上昇していくので，高い場所にいるトビが，獲物のニオイをキャッチするのはとても容易なことなのです。そして蛾やサケと同じように，そのニオイの方向へ徐々に近づいていき，視覚で獲物を確認したら，一気にさらいます。

　…（略）…

　私たち人間は目でものを確認し，言葉を発して他人との関わりを持つ動物なので，ニオイを発して他人に自分の存在を気づかせる必要も，ニオイで食べ物を識別するという必要もありません。しかし，視覚が弱くしゃべることができない動物たちは，生きることすべてを（　Ｃ　）に頼っています。動物の嗅覚は自分の生命を守り，種を繁殖させるために必要不可欠なものなのです。

（外崎肇一『ニオイをかげば病気がわかる』講談社）

問1　（　Ａ　）（　Ｂ　）に入るものとして，最も適当な組み合わせはどれですか。

1.　Ａ：視覚で獲物の場所　　　Ｂ：急降下します
2.　Ａ：ニオイで獲物の存在　　Ｂ：視覚でとらえています
3.　Ａ：高いところから獲物　　Ｂ：急降下します
4.　Ａ：ニオイで獲物の存在　　Ｂ：嗅覚で再確認します

問2　（　Ｃ　）に入るものとして，最も適当なものはどれですか。

1.　ニオイの世界
2.　自分の存在
3.　他者との関わり
4.　嗅覚と視覚

問3　鳥類の嗅覚について，本文の内容と合っているものはどれですか。

1.　ミズナキドリはニオイを手掛かりにして獲物を探す。
2.　ミズナキドリは風が強すぎるときや全くないときは巣のニオイが感じられない。
3.　トビはニオイを頼りに蛾やサケを捕まえて食べる。
4.　ミズナキドリもトビも嗅覚の力だけで行動している。

第③回

（制限時間：70分）

記述問題・説明

　記述問題は，二つのテーマのうち，<u>どちらか一つを選んで</u>，記述の解答用紙に書いてください（テーマ番号を書く必要はありません）。

　文章は横書きで書いてください。

　解答用紙の裏（何も印刷されていない面）には，何も書かないでください。

記述問題

　以下の二つのテーマのうち，どちらか一つを選んで 400 〜 500 字程度で書いてください（句読点を含む）。

　①　現在，主要先進国で少子化が深刻な社会問題となっている理由は何でしょうか。そして今後，先進国はどのように少子化問題を解決すれば良いと思いますか。あなたの意見を述べなさい。

　②　近年，日本では市民団体によるテレビ番組に規制をかけようとする動きがあります。テレビ番組に規制をかけようとする理由は何でしょうか。そして，今後も，テレビ番組に規制をかける必要はあると思いますか。あなたの意見を述べなさい。

読解問題・説明

　読解問題は，問題冊子に書かれていることを読んで答えてください。

　選択肢 1，2，3，4 の中から答えを一つだけ選び，読解の回答欄にマークしてください。

1　下線部「精神の「広がり癖」」が存在する理由として，最も適当なものはどれですか。

1

　インターネットの普及で社会は広がった。たしかに，社会というものは広がっていくものだし，広がっていくことでそのよさ，利点を人々が享受できるようになる。そしてインターネットの出現は，過去に例のない急速なスピードで社会を拡大させた。世界中の情報を瞬時に手に入れることなど，一〇〇年前，いや五〇年前には考えられないことだった。じつはここに，広げることの怖さが潜んでいる。

　人間は，広がることを"良"とする感覚がとても強い。だから無条件に，広がることは善であり，力であり，能力であると思い込んでしまう。精神の「広がり癖」とでもいおうか。

　コマーシャルにしろ，ものが流行るにしろ，あたかも「広がっていれば勝ち」という風潮がある。その一方で，「広がることが本当によいことなのか」と疑問に感じる人はあまりに少ない。

　"広がる"ということには，ネットワークやお金，物流の広がりなど，"量"として目に見えるもののほかにも，心の中の広がりなど，目に見えないものも存在する。そしてそれらには，よいもの，悪いものが混在している。

（桜井章一『人を見抜く技術』講談社）

1.　人間は，広がることを無条件にいいことだと感じる傾向が強いから。

2.　インターネットの普及により，社会が広がったから。

3.　現代社会では，世界中の情報が手に入るから。

4.　人間には広がることで得られるものの善悪を感じる力があるから。

2　次のお知らせの内容と合っているものはどれですか。　　　　　2

神阪大学定期健康診断のお知らせ

学生の皆様に健康診断実施のお知らせです。

健康診断内容：身長・体重測定，視力検査，聴力検査，血圧・脈拍数測定，尿検査，採血検査，胸部X線間接撮影，問診

日程：8月24日〜8月27日（午後2時〜午後5時）

＊具体的な日程は個別に連絡します。

メール：yoshida@shinhan-students.com

場所：神阪大学駐車場（検診車）

所要時間：40分程度を予定

＊前日の食事は午後10時までに済ませてください。当日は健康診断が終わるまで飲食できません。

＊受診の際は必ず学生証を持参してください。

やむを得ず受診できない場合は後日再検診について説明しますので，速やかに学生部担当者吉田までご連絡ください。

電話番号：030-3344-2288

1.　検診車に行く時，何も持たなくても良い。
2.　前日21時に食事を取ってもよい。
3.　検診を受けられない場合は，都合が良い日程を学生担当者に連絡しなければならない。
4.　自分の健康診断の日時は電話かメールで確認しなければならない。

3　次の文章は，国際的な学習到達度テストである PISA について書かれています。筆者が最も言いたいことはどれですか。　　　　　　　　　　　　　　3

　PISA 調査で興味深いのは，二〇一五年の PISA では「協同問題解決能力」のテストが初めて実施されたことである。これは，*ヴァーチャルなチームメンバーとチャットをしながら与えられた課題を解決してゆくという形のテストであり，「共通理解の構築・維持」「問題解決に対する適切な行動」「チーム組織の構築・維持」を計測するものと定義されている。この「協同問題解決能力」についても，OECD 平均を五〇〇点とすると日本の平均点は五五二点と，五六一点のシンガポールに次いで二位につけており，三位以下を大きく引き離している。

　これが意味しているのは，日本の人々，特に若者は，単に読解力，数学，科学といった知的なスキルが高いだけでなく，他者との協力に基づく課題解決という，より柔軟なスキルについても，世界の中で最上位クラスであるということである。

（本田由紀『教育は何を評価してきたのか』岩波書店）

*ヴァーチャル：仮想的

1.　PISA によって，幅広い分野のテストが行われる。
2.　「協同問題解決能力」においてシンガポールよりも日本のスコアは高かった。
3.　日本の結果は，理知的な分野とともに，チームで行う課題でも高かった。
4.　「協同問題解決能力」において，一位から三位の結果はほぼ差がみられなかった。

4　次の文章の内容と合っているのはどれですか。　　　　　　　　　　　4

　桜は本来春に花が咲くものだが，秋から冬にかけて咲くことがある。こうした，本来とは異なる時期に咲く現象を「狂い咲き」や「返り咲き」という。ふつう，春だけに咲く“染井吉野”でも，気象条件などによっては狂い咲きをすることもある。通常，春に咲く花の芽は前年の夏に形成されるが，その後休眠し，冬期の低温刺激によって休眠が解除され，翌年の春に咲く。しかし狂い咲きでは，なんらかの理由で秋に休眠が解除され，秋に暖かい日が続くと開花する。“染井吉野”でも台風や病虫害などによって夏に落葉すると，休眠することができず秋に咲くことがある。その年の気象条件によっても異なるが，だいたい毎年，日本のどこかで狂い咲きをした‘染井吉野’が新聞などで報じられている。

　“染井吉野”はいくつかの条件が重ならないと狂い咲きをせず，ふつう春だけに咲くが，桜の中には毎年狂い咲きをするものもある。毎年狂い咲きをする桜は，早期に落葉することに加え，なんらかの原因で花芽が休眠する仕組みが正常に働いていないと考えられる。

　…（略）…

　こうした狂い咲きをする桜は全国に植えられているが，代表的な栽培品種は“十月桜”と“冬桜”であろう。

（勝木俊雄『桜』岩波書店）

1．桜は，他の植物とは違い，普通は夏に葉が落ちる。
2．秋冬に気温が低くなると，桜の狂い咲きが起こる。
3．毎年返り咲きをする桜を，一般的に‘冬桜’と呼ぶことがある。
4．桜の返り咲きは，休眠が解ける時期がおかしくなることで起こる。

5　次の文章の内容と合っているものはどれですか。　　　　　　　　　5

　太陽光発電システムはよくメンテナンスフリーと言われるが，そうではない。何しろ，二十四時間三六五日，苛酷な屋外で日射・風雨にさらされているのだ。ハンダ接続，バイパスダイオードの不良などパネル自体に問題があって起こる故障もあれば，設置工事のミスや設置方法によって生じる不具合もある。*バイパスダイオードは，あるセル（パネルを構成する一枚一枚の太陽電池）が発電していない状態のとき，パネル全体の出力低下を避けるために電流を迂回させる装置で，これが働かないと発熱して破損する原因になる。パネルでは，経年劣化や，雨水の侵入などによる劣化も起こる。パネルからの直流を交流に変換し，系統側と電気をやりとりするパワーコンディショナーの寿命は一〇年程度とも言われている。

　太陽光発電システムを長持ちさせるには，日常的な点検やメンテナンスが非常に重要になってくる。ところが，住宅の屋根に設置された太陽光発電システムの点検はきわめて難しい。

（小澤祥司『エネルギーを選びなおす』岩波書店）

*バイパスダイオード：太陽電池システムに組み込まれたダイオード（整流作用）素子である。

1.　太陽光発電は，メンテナンスにお金がかかる。
2.　太陽光発電システムを長く使う上で，日常的な点検やメンテナンスをすることが大切だ。
3.　太陽光発電システムは自然環境に有益である。
4.　太陽光発電システムは，毎日モニターをチェックしなければならない。

6　次の文章は，マズローの人間の欲求段階説についてのものです。文章の中で述べられているものはどれですか。　　　　　　　　　　　　　　　　　　　　6

　　人間の欲求には五段階があるといいます。まず第一段階は，生理的欲求，第二段階は，安全の欲求，第三段階は，所属と愛の欲求，第四段階は，他者からの承認と自尊心の欲求，そして第五段階は，自己実現の欲求です。

　　…(略)…

　　マズローは，人間には生来，成長への欲求，自己の隠れた可能性を最大限に引き出したいという欲求があるといいます。しかし，いきなり高次の自己実現にはいきません。それは段階的に満たされていくものです。低位の欲求が満たされると，より上位のものへと向かって，段階的・向上的に欲求の質が変化していきます。

　　食欲や性欲，睡眠欲などの生理的欲求が満たされてはじめて，衣や住に関わる安全の欲求が出てくるということです。…(略)…まずはおなかが満たされること，眠ることができるのは生理的に必要なものです。それが確保された上で，安全に住める場所や，身にまとうもののことを考えることができるのです。

（美馬のゆり『理系女子的生き方のススメ』岩波書店）

1.　低位の欲求が満たされてから，上位の欲求が引き出される。
2.　自己実現の欲求が引き出されるのは難しいことである。
3.　欲求の中でも，生理的欲求はもっとも簡単に満たされる。
4.　生理的欲求を満たすことに意識が向くと，自己実現の欲求を忘れてしまう。

7　次の文章の内容と合っているものはどれですか。　　　　　　　　　　　7

　世間には，ウォーターフロントにそびえる高層マンションの写真を見て，「あんな恐ろしい建物によく住めるな」と思う人もいらっしゃるだろう。

　世界各地で最近，立て続けに起こる津波や地震の惨状を見ればわかるように，海や河川に近ければ津波や洪水の危険がある。もともと地盤がゆるいから，地震で倒壊する恐れもある。二〇〇五年夏，東京では震度四程度の地震があっただけで，あちこちのビルのエレベーターが止まるという騒ぎがあった。そんなことを思い出せば，「この建物は耐震構造だから安全です」と太鼓判を押されても二の足を踏むに違いない。

　第一，「安全」の基準はどこにあるのだろう。耐震強度偽装問題では，はからずも「建築基準法」「確認申請」「耐震基準」などの言葉が注目を浴びることとなった。「確認申請を通っているから大丈夫」「耐震基準を満たしているから安全だ」といった表現が，まるで錦の御旗のような効力をもっていたのは事実である。しかし，いずれも絶対的な安全を保証するものではない。あくまでも「想定される条件下における最低基準」にすぎない。

（天野彰『夫婦の家』講談社）

1. 高層マンションは，津波や地震の被害を避けられる。
2. 耐震構造の建物は，津波や地震に耐えられない。
3. 耐震の基準は，絶対的な安全を想定している。
4. 耐震構造の建物でも，絶対的な安全が保証されているわけではない。

8　次の文章の内容と合っているものはどれですか。　　　　　　　　8

　顧客先での重要な会議で使う配布資料を忘れてしまったことに，顧客先に向かう電車の中で気づいたとき，メールで相談した会社の先輩が，すぐに近くの自社支店にデータを送り，印刷して会議前に届ける手配をしてくれました。あなたなら，どのように謝意を伝えますか？

　「このたびはありがとうございました」

　だけでは，先輩も尽力してあげてよかったと強くは思わないでしょう。ここに，「本当に」という副詞を入れ，

　「このたびは本当にありがとうございました」と言えば，だいぶ深い謝意が伝わります。「大変」よりも，「本当に」のほうが心に響きます。さらに，「助かりました」というフレーズを加えると，先輩も，苦労し甲斐があったと強く思うものです。このように，形式的な挨拶に，自分の感情を伝えるちょっとしたマジカル・フレーズやマジカル・ワードを加えると，相手の受ける印象がぐんとよくなります。

（北原義典『なぜ，口べたなあの人が，相手の心を動かすのか？』講談社）

1.　相手に，形式的に謝意を伝えなければいけない。

2.　論理的に意図を伝えることが重要である。

3.　形式的な謝意では，相手に悪い印象を与える。

4.　少しの感情を話し言葉に加えると，相手に好印象である。

9　筆者が「気候変動」の原因のひとつとして，この文章で述べているのはどれですか。

| 9 |

　「気候変動」と「気候変化」は，厳密に区別することもあれば，同じ意味で使うこともあります。「広辞苑」によれば，「変動」とは「変わり動くこと」，「変化」は「ある状態から他の状態に変わること」です。

　地球の気候はさまざまな時間スケールで変わってきましたし，今後も変わりつづけることでしょう。変わるのは，自然が本来持っている変動する性質のためもあれば，現在進行中の「地球温暖化」といった人間活動の影響による場合もあります。その仕組みによって，変化に要する時間もさまざまです。これらを指して気候変動といいます。これに対して気候変化とは，ある時点と別の時点で平均的な状態が変化することを指します。

（鬼頭昭雄『異常気象と地球温暖化』岩波書店）

1.　気候変化に要する時間に違いがあるため。
2.　自然に変動する性質が備わっているため。
3.　季節によって，太陽の動きが異なるため。
4.　四季により気温が変化するため。

10　次の文章の（　Ａ　）に入るものとして，最も適当なものはどれですか。　　| 10 |

　　人類は細胞増殖を上手に調節して食品や酒をつくる技術を育んできた。細胞はいろいろな物質をもとに，べつな物質を合成したり，変換したりする能力をもつ。酵母はコウジ菌などを大量に培養して有用な製品をつくることができる。このような性質を利用した技術を発酵という。みそ，醤油，漬物，チーズ，清酒，ビール，ワインなど，生活の中で（　Ａ　）を用いたものは多く，日本では伝統的にまた現在も，多様な高い技術水準をもっている。

（柳田充弘『細胞から生命が見える』岩波新書）

1.　発酵技術
2.　変換技術
2.　調節する技術
3.　危機的な技術

11　次の文章を読んで後の問いに答えなさい。

　コーヒーノキは，18世紀中に東南アジアと中南米諸国に行き渡りました。現在アラビカ種を栽培している国のうち，オセアニア（ハワイ，パプアニューギニア）と東アフリカ（ケニア，タンザニア）などを除く主な地域では，この時代に栽培を開始したことになります。

　なぜこんなにも多くの国や地域で，この時代にコーヒー生産が始まったのでしょうか？

　ヨーロッパは当時，第二次百年戦争(1689〜1815)のまっただ中で，海外植民地を巡って争いつづけていました。中南米やカリブ海は「三角貿易」の一角となり，ヨーロッパ諸国は，アフリカから連れてきた奴隷たちを酷使して収益を上げることに腐心していたのです。特に自国でのコーヒーハウスやカフェの大流行を見ていたヨーロッパ人の瞳にはきっと，コーヒーノキが「金のなる木」として映っていたに違いありません。

　ただし，栽培ははじめても，すぐに産業レベルで確立できた国は，そこまで多くはありません。標高が高い地域でのみ育つコーヒーを輸出産業として成立させるには，産地から港までの輸送が容易な地形であるか，もしくは輸送に十分なインフラ整備が必要になります。このため，当時は砂糖などのライバル作物を選択する国が多数派だったのです。

（旦部幸博『珈琲の世界史』講談社）

問1　筆者は，コーヒーノキの栽培が 18 世紀中に広まった理由についてどう述べていますか。　　　　　　　　　　　　　　　　　　　　　　　　　　　11

1.　ヨーロッパの国々が海外植民地で収益をあげようと考えたため。
2.　多くの国々に，輸送に十分なインフラ整備があったため。
3.　産地から港までの輸送が容易だったため。
4.　標高の高い地域で栽培できる植物だったため。

問2　この文章の内容と合っているものはどれですか。　　　　　　　　12

1.　コーヒーノキの栽培は，オセアニアと東アフリカから始まった。
2.　コーヒーノキで金属を作ることができたため，「金のなる木」と呼ばれた。
3.　コーヒーの生産よりも，当初は砂糖の生産のほうがさかんだった。
4.　コーヒーハウスやカフェで働かせるために，アフリカから奴隷が連れてこられた。

12　次の文章を読んで後の問いに答えなさい。

　　世界中の外国人は日本に来て，自動販売機の多さと種類に驚きます。日本にこれだけ自動販売機が多いのは，もちろん，治安がいいからです。海外では，（　Ａ　），なんてことは絶対にありません。そんなことをしたら，一晩で壊され，中の商品とお金を奪われるからです。

　　海外では，自動販売機はあっても，ホテルのロビーとかショッピングモールの中とかの屋内です。

　　それも，タバコや清涼飲料水だけです。飲物の種類もそんなにありません。また，故障していることもよくあります。日本人で，海外の自動販売機にお金を入れてもなにも出なかった，壊れていた，という経験をした人はそれなりにいるはずです。

　　基本的に海外の人は，自動販売機が壊れていても驚きません。そういうこともあると分かっているのです。

　　日本の自動販売機は，めったに壊れません。もし，壊れていても連絡先がちゃんと書いてあって，お金を取り戻すことができます。

　　また，外国人が驚くのは，冬に「温かい飲物」と「冷たい飲物」が，同時に売っていることです。日本人には当たり前のことになりましたが，外国人は衝撃を受けます。

　　また，飲物の種類の多さにも驚きます。お汁粉や甘酒まで売っているのです。

　　さらに，飲物以外——アイスクリームやパン，お菓子，おでん缶，さらにリンゴの自動販売機も登場しています。

（鴻上尚史『クール・ジャパン !? 外国人が見たニッポン』講談社）

問1　（　A　）に入るものとして，最も適当なものはどれですか。　　　13

1.　タバコや清涼飲料水が買える
2.　室内で自動販売機を利用できる
3.　道端に自動販売機がある
4.　温かい飲物も冷たい飲物も買える

問2　この文章で述べている内容として，合っているものはどれですか。　　　14

1.　様々な商品が購入できる自動販売機は，海外でも見られる。
2.　海外にある自動販売機は，常に建物の外に設置されている。
3.　治安のいい日本では自動販売機が壊れることはない。
4.　日本で自動販売機が故障していた場合，連絡すればお金は返却される。

13　次の文章を読んで後の問いに答えなさい。

　熱を抑えたり，下痢を止めたりすることは病気を根本から治すことではないのに，病気の本当の原因を考えることをそこでストップしているのです。

　風邪をひいた時，熱を出し，咳をすることは風邪という病気を自分自身で治そうとしている治癒反応の一種です。風邪の原因となったウィルスや細菌に対する生体反応で，熱を出し，血流を増やし，肺や喉の病原体を体外に排出したりしている反応なのです。

　それを解熱剤などで抑えることは，自然治癒力を抑え込んで免疫力を低下させてしまうことを知ってほしいと思います。

　体に何か異変が起きた時に，「すぐ薬」というのは，原因療法と程遠い療法であることを認識してほしいと思うのです。

　現代の日本の医療の主流になっているのが対症療法です。しかし，これは病気を治そうとする体自身の反応を抑え込む，いわば，本質に逆行する治療法と言えるでしょう。

　このような治療態勢の中で医師が育つと，患部だけを診て，そこに起きている症状を取り除くことだけが病気の治癒につながると考えるような医師ができ上がるのです。

　対症療法の最大の問題点は，病気の本質を知るという考えを，医師も患者も含めて，医療から失わせていることです。症状を消すことを治療だと考えると，薬を使えば使うほど，症状は消していながら，病気の本質が悪化することになるのです。

　つまり，「治療が病気をつくる」ことになるというわけです。

（藤田紘一郎『医療大崩壊』講談社）

問1　この文章では，現代主流となっている治療はどのようなものだと述べていますか。　　　　　　　　　　　　　　　　　　　　　15

1.　自然治癒力を利用しながら，症状を抑える薬を加えた総合的な治療。
2.　病気になった時に，それを治そうとする体の反応を薬などで抑え込む治療。
3.　病気になった時に，とりあえず症状を抑えてから本質を考える順序の治療。
4.　薬を大量に使用することにより，逆に完全な治癒から遠ざかってしまう治療。

問2　筆者は下線部「治療が病気をつくる」ことの原因は何だと考えていますか。　16

1.　病気の本質を知るという考えが根強いが，治療方針が確立せず悪化してしまうこと。
2.　病気の本質に目を向けず，次々と治療を施すために副作用が生じること。
3.　対症療法をすぐに施すため，自分で治る力が低下して新たな病気を引き起こすこと。
4.　対症療法をすぐに施すため症状は消えるが,その原因である疾患は悪化すること。

14　次の文章を読んで後の問いに答えなさい。

　実際，腐生植物は豊かな森でないとなかなか見ることができない。森を構成する植物と菌類との間に，ゆとりのある安定的な関係が築かれていないと，腐生植物はそこから自分の栄養分を引き出すことができないからだ。植物の方が菌類に栄養をとられすぎている場合，そこからさらに腐生植物が菌類から余計に栄養をとってしまうと，(1)バランスが崩れ，植物が衰弱するだろう。ひいては菌類も栄養源を失い，腐生植物は立ちゆかなくなる。菌類が腐生性の場合も同じ。たっぷりと落ち葉や枯れ枝が供給されるような森でなくては，菌類と腐生植物の両立は成り立たない。腐生植物が菌類から栄養をとっても，まだ植物と菌類との間の関係が崩れないくらい，良好な状態にないと，腐生植物は長く個体を維持できないのである。

　逆に言えば，腐生植物が豊富に見られる森というのは，後述するように生態系が安定した，余裕のある森であると言える。慣れてくると，そうした森は一目でわかる。(2)かつかつの状態で暮らしている森は，しばしば荒れた感じがするものだ。林床に野放図に草が生えたり，一部の植物が暴走して増えていたりする。よく熱帯のジャングルというと，鬱蒼と木や草が茂り，1メートル先も見渡せないような込み入った情景を思い浮かべる人が多い。だがあれは，荒れた森の典型である。腐生植物が豊富に見られるような，安定した，人の手のほとんど入っていない豊かな森では，林床はすっきりとしていて清潔感があり，下草もほとんど生えておらず，遠くまで見渡すことができる。

（塚谷裕一『森を食べる植物』岩波書店）

問1　下線部 (1)「バランスが崩れ」とは，どのような状態だと述べていますか。　17

1.　植物，菌類，腐生植物の関係が安定しない状態。

2.　森に人の手が入っていない状態。

3.　植物の種類が均等ではない状態。

4.　一種類の栄養が豊富になりすぎた状態。

問2　下線部 (2)「かつかつの状態」とは，どのような状態だと言えますか。　18

1.　人の手がほとんど入っていない状態

2.　下草がほとんど生えていない状態

3.　生態系が安定していない状態

4.　落ち葉と枯れ枝が多い状態

15　次の文章を読んで後の問いに答えなさい。

　社会福祉の世界では、(1) 福祉制度の利用がスティグマとされることが問題視されてきました。「スティグマ」とは、他者や社会集団によって個人に押しつけられた負のレッテルを意味し、その語源はギリシア語で奴隷や家畜の身体上に押された烙印にあると言われています。

　本来、生活に困った時に公的な福祉制度を利用するのは、近代国家では当然の権利であるはずですが、日本社会では「恥ずかしい」、「後ろめたい」という意識が拭いがたくあります。特に、社会の偏見が強い生活保護制度の利用にはスティグマが伴います。

　こうしたスティグマをさらに強化したのが、二〇一二年五月から六月にかけての「生活保護バッシング」でした。

　当時、テレビや週刊誌は芸能人のA氏の母親の生活保護利用をきっかけに連日、生活保護制度や利用者のマイナス面を強調する報道を流し続けました。テレビでは、国会議員やタレントが「生活保護を受けることを恥と思わなくなったのが問題」、「正直者が馬鹿を見る社会になっている」等と繰り返し発言。ワイドショーの中には「生活保護受給者をどう思うか」という街頭インタビューを実施して、個々の利用者の素行を告発する番組もありました。そのため、普段から肩身の狭い思いをしている生活保護利用者は、(2) ますます「世間の眼」を意識せざるを得ない状況に追い込まれたのです。

（稲葉剛『生活保護から考える』岩波書店）

問1　下線部 (1)「福祉制度の利用がスティグマとされること」の内容として，最も適当なものはどれですか。　　　　　　　　　　　　　　　　　　　　　19

1.　福祉制度を利用した者が，身体上に烙印を押されること。
2.　福祉制度を利用することについて，周囲からのマイナスの印象が強いこと。
3.　福祉制度を利用するのは当たり前に認められた権利であること。
4.　福祉制度の利用がひろがり，正直者が損をする社会になっていること。

問2　下線部 (2)「ますます「世間の眼」を意識せざるを得ない状況に追い込まれた」理由として，最も適当なものはどれですか。　　　　　　　　　　　20

1.　生活保護を受けることを恥と思わなくなったから。
2.　芸能人による，生活保護制度利用があったから。
3.　報道によって，社会の偏見がいっそう強くなったから。
4.　ますます生活に困るようになったから。

16　次の文章を読んで後の問いに答えなさい。

　ツイン・タワー（双塔）という形式は，古くは古代エジプトの神殿の入口に設けられた塔門（パイロン）やオベリスクなどに見られ，ゴシック大聖堂でも入口側にあたる西側に，双塔を持つものが少なくない。対になる塔は，本来，入口や門としての機能を意味していた。

　WTCは，遠く離れた場所から眺めたときに，その対になるタワーのシルエットがより際立つデザインだった。いわば，マンハッタンにやってくる人びとにとっての「門」ともみなせた。そう考えると，装飾を排したデザインのツイン・タワーは，「資本主義の大聖堂」の双塔のようにも，「資本主義の神殿」たるマンハッタンに屹立するオベリスクのようにも見えただろう。ヤマサキ自身，WTCの広場設計に際して，＊ヴェネチアのサン・マルコ大聖堂の広場を意識したと述べている。

　ヴェネチアにやってくる船にとって，サン・マルコ広場に立つ鐘楼がランドマークとなったように，ヤマサキはツイン・タワーにマンハッタンを訪れる人たちの目印としての意味を込めたのかもしれない。

　なお，サン・マルコ大聖堂の鐘楼は一九〇二年に自然崩壊しており，当時の塔は再建されたものだった。そしてWTCも，その鐘楼倒壊から約一〇〇年後の二〇〇一年，テロの標的となり崩壊したのである。

（大澤昭彦『高層建築物の世界史』講談社）

＊ヴェネチア：イタリア共和国北東部に位置する都市

問1　この文章は，ツイン・タワーという形式についてどう述べていますか。　⬚21

1.　鐘楼を模したものである。

2.　現代の資本主義国家を表現したものである。

3.　もともと，入口や門としての機能を意味するものである。

4.　装飾を施すことで，デザインが際立っていた。

問2　建築家のヤマサキ氏がWTCの建築設計について述べたものはどれですか。

⬚22

1.　マンハッタンに立つオベリスクとしてデザインした。

2.　広場設計は，サン・マルコ大聖堂の広場を意識して行った。

3.　この建物は再建されたものだった。

4.　マンハッタンを訪れる人々の目印とした。

17　次の文章を読んで後の問いに答えなさい。

　今や生活習慣病といわれる高血圧，糖尿病，心臓病などの原因は，欧米化した食生活にあるといわれています。

　確かに，白米やパン，めん類，肉，魚，白砂糖などは酸性食品であり，これらを主にとり続けていると，血液は酸性に傾き，ドロドロになってさまざまな症状の原因となるでしょう。しかし，もっとも大きな原因は「塩切れ」だと思うのです。つまり，（　Ａ　）だということです。

　もともと人の体は自分で自分を治すようにできています。外から異物が入ってくると免疫機能が働いて防御したり，怪我をしたら白血球が総動員して傷を治してくれたりします。

　体内では健康を保つためにさまざまな自家製の薬（酵素）をつくり出しています。その酵素をつくるためにはミネラルが欠かせないのです。それに一定の塩分は体に必要です。

　自然海塩は，植物がつくり出したミネラルの固まりです。つまり自然海塩は薬のもとといえるでしょう。それに酸性に傾いた血液を中和してくれます。

　さまざまな体の不調は，自然海塩をとることで改善されていきます。

　血圧の高い人も低い人も正常になっていきます。しかし，食生活を変えずに自然海塩だけとり入れても効果は半減です。

　自然海塩は食事でとるのが一番いいですから，まずは調味料からかえてください。

　自然海塩，そして自然海塩を使った味噌，しょうゆなどを料理の味つけに使ってみてください。びっくりするほどおいしくなって，料理の腕があがります。ましてや，化学調味料などまったく不要です。それに濃い味つけにしても，なんともいえないうまみがあるので，しょっぱく感じないのです。

　そして，自然海塩を使った漬物，梅干しなどの発酵食品は体にやさしく，吸収もよいので，内臓が弱っている人でも安心して塩をとることができます。

　このように，調味料をかえ，味つけを濃いめにするだけでも効果はありますが，せっかく自然海塩をとっても，砂糖を使ったり，甘いものを食べていたのでは，帳消しで

すので，気をつけてください。

（赤峰勝人『ニンジンの奇跡』講談社）

問1　（　A　）に入るものとして，最も適当なものはどれですか。　　　23

1.　ミネラル不足
2.　酸不足
3.　血圧の上昇
4.　内臓の不調

問2　下線部「自然海塩は薬のもと」と述べる理由として，最も適当なものはどれですか。　　24

1.　酵素をつくるのにミネラルが必要だから。
2.　自然海塩は，薬として使われてきた歴史があるから。
3.　体の弱った人でも安心して取ることができるから。
4.　食生活を変えなくても良いから。

問3　筆者はこの文章で，注意する点としてどんなことを述べていますか。　　25

1.　自然海塩をとり入れても，濃い味の料理は食べてはいけない。
2.　内臓が弱った人に自然海塩は向かない。
3.　化学調味料を取りすぎてはいけない。
4.　甘い食べ物をなるべく取らないようにする。

第④回

（制限時間：70分）

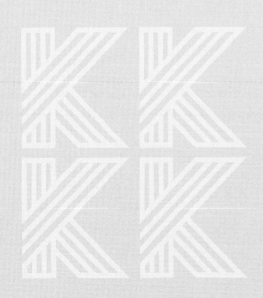

記述問題・説明

　　記述問題は，二つのテーマのうち，**どちらか一つを選んで**，記述の解答用紙に書いてください（テーマ番号を書く必要はありません）。

　　文章は横書きで書いてください。

　　解答用紙の裏（何も印刷されていない面）には，何も書かないでください。

記述問題

　以下の二つのテーマのうち，どちらか一つを選んで400〜500字程度で書いてください（句読点を含む）。

　①　インターネット掲示板の普及には凄まじいものがあります。しかし，インターネットの掲示版には，良い点がある一方で，問題となる点もあるようです。インターネットの掲示板について，良い点と問題点の両方に触れながら，あなたの意見を述べなさい。

　②　日本では，屋内での全面禁煙が法律により義務づけられています。しかし屋内全面禁煙を法律で義務づけることには，良い点と問題点の両方が見られるようです。このことについて，良い点と問題点の両方に触れながら，あなたの意見を述べなさい。

読解問題・説明

　読解問題は，問題冊子に書かれていることを読んで答えてください。

　選択肢 1，2，3，4 の中から答えを一つだけ選び，読解の回答欄にマークしてください。

1　次の文章で，筆者は，登山を通してどのようなことを感じたといっていますか。

1

　その夏，山岳部に在籍している学生と二人，その山の頂上に突き上げている＊沢を＊＊遡行することに決めた。地下足袋を履き，ヘルメットをかぶり，ザイル，テント，釣り竿をザックにつめれば，例によってもう気分は現役の山岳部員だ。…（略）…

　真夏の上天気のなかどんどん進むと，川原にちょうどテントを張るのによい場所が見つかった。今日はここで１泊するとし，早速，晩御飯のおかずの岩魚釣りをすることになった。

　…（略）…

　私は，この岩魚に思いをはせるとき，それを釣り上げてしまったという良心の呵責より，私たち人間社会とは全く別の世界で，全く別の時間が厳然と流れていることを感じる。そして，わずかな時間でもそれと接することができた喜びのほうが大きい。遡行中の，雨具のフードを叩く雨粒の音，霧にけぶる雪渓，頂上直下で暗闇のなかヘッドランプに照らしだされた黒百合の群落など，それらは何か「絶対的なもの」から私へのメッセージだったとさえ感じてしまうのだ。

（能勢博『山に登る前に読む本』講談社）

＊沢：細い川
＊＊遡行：流れを上流へさかのぼって行くこと。

1.　沢を遡行できるのは現役の山岳部員だけだと感じた。
2.　魚釣りをすると日常とは違って時間がゆっくり流れると感じた。
3.　何か「絶対的なもの」から語りかけられているように感じた。
4.　絶対的な時間は山登りすることで得られると感じた。

2　次のメールの内容と合っているものはどれですか。　　　　　　　　2

山上市日本語スピーチコンテストにご応募いただきありがとうございます。以下の内容で出場者登録をいたしました。

----

①氏名：王宇　　　　　　　②国籍：中国
③日本語学習歴：2年　　　　④スピーチタイトル：日本のお祭り

あなたの発表番号は9番です。
発表は1人5分です。発表当日の日程は以下のとおりです。

11:00 ～ 11:30　　　　開場受付
12:00 ～ 13:00　　　　ジュニアの部　　1番～9番
13:00 ～ 13:30　　　　休憩
13:30 ～ 14:30　　　　ジュニアの部　　10番～19番
14:30 ～ 15:30　　　　シニアの部　　1番～10番
15:30 ～ 16:00　　　　休憩
16:00 ～ 17:00　　　　結果発表・授与式

出場部門について
ジュニアの部：日本語学習歴半年以上一年以下の方。
シニアの部：日本語学習一年以上三年以下の方。

表彰はジュニアの部，シニアの部ともに最優秀賞1名と優秀賞2名です。
当日は昼食と飲み物を用意ください。服装は自由ですが，着物の貸し出しもありますのでご希望の方は事前にご連絡ください。
発表の順番，当日の流れについて変更が生じた場合は，メールか電話でお知らせいたします。
＊キャンセルしたい場合は，前日9月20日までにスピーチコンテスト実行委員会山田までご連絡ください。
電話番号：050-7776-2356

1.　王さんは13:50に発表を行う。

2.　スピーチコンテストは9月20日に開催される。

3.　入賞者は3名である。

4.　発表者は母国の衣装を着て発表してもよい。

3　次の文章で，筆者は，ゴボウにはどのような作用があると説明していますか。

3

　ゴボウに含まれるポリフェノールはサポニンと呼ばれますが，サポニンの「サポ」はシャボンの「シャボ」と同じ。つまり，脂を落とすのに欠かせない優れた界面活性作用があるということです。

　土のなかの細菌も単細胞生物ですから，周囲はコレステロールでできた細胞膜で覆われています。この脂の膜を，サポニンの界面活性作用が中和し，分解することによって，殺菌作用が発揮されるのです。

　こうしたゴボウを食べるということは，腸内の脂肪分が中和されることを意味します。また血中の悪玉コレステロールも，サポニンによって吸着・排泄されてしまいます。

　つまり，ゴボウを食べることで，ダイエットはもちろんのこと，高脂血症や動脈硬化の改善にも効果が期待できるのです。

（南雲吉則『50歳を超えても30代に見える食べ方』講談社）

1.　サポニンが腸内の脂肪分を中和し，ダイエット効果をもたらす。

2.　サポニンが腸内の脂肪分を細菌へと押し戻す。

3.　ポリフェノールがサポニンに変化し，コレステロールを分解する。

4.　サポニンが血中のコレステロールを最適化し，動脈硬化をなくす。

4　次の文章で，筆者が述べている老人の心理として，最も適当なものはどれですか。

`4`

　無理が利かなくなったり，腰や膝が痛んだり，白髪やしわが出たりすると，「ああ，年をとったな」と，ため息をつく人はいても喜ぶ人はいないでしょう。ところが，老いそのものはネガティブなのに，老いのただ中にある老人自身はポジティブであることが，昔から心理学では大きな謎でした。あなたの周囲にも，90歳を超すような高齢でありながら，特に死を恐れることもなく，機嫌よく日々を送っている人がいるのではないでしょうか。

　そのような人たちを見ていると気づくのが，どうやら老人は自分に都合のよいことや楽しいことしか覚えていないらしい，ということです。

　…（略）…

　いつか必ず死ぬとわかっていながら生き続けるには，「自分には生きている意味がある」という自己肯定感や，「自分は生きる価値のある存在だ」という自尊感情が必要で，それがないと人は生きていけないのです。

　そのため人は，自分という存在を肯定し，自分の価値を高めてくれる情報，言い換えれば自分にとって都合のよい情報を，無意識のうちに拾い集め，記憶し，脳のなかに蓄積していきます。

（佐藤眞一『ご老人は謎だらけ』光文社新書）

1.　老いをネガティブに考えてしまう。
2.　ポジティブに生きる努力をする。
3.　自分の価値を人に高めてもらう。
4.　自分に都合の悪いことを忘れる。

5　筆者は，他者の迷惑行為への対応について何と述べていますか。　　　5

　　多くの人の場合，通勤や通学で使う電車というのは時間が決まっている。何時に乗っ
たら，何時に会社や学校に着くことができるかわかっているのである。
　　このような空間の中では，自分の近くで何か異変が起き，それに気がついたとして
も，そのままやりすごすのがふつうである。迷惑行為を注意した結果，遅刻したり，
晩ごはんの時間に間に合わなかったり，観たいドラマを見逃したりなど，日常の生活
習慣を乱すことになりかねないからである。
　　だから電車の中でいちゃついたり，飲食をするといった「実害はないが，他者に不
快感を与える」行為はもちろん見て見ぬふりをする。音楽プレーヤーからの音漏れや，
化粧をしている女性からファンデーションの粉が飛んでくるといった，「ルール化さ
れていないが，他者に実害が及ぶ」行為についても，たいていはじっと我慢する。

（北折充隆『迷惑行為はなぜなくならないのか？』光文社新書）

1.　多くの人は生活習慣が乱れることになっても迷惑行為を注意する。
2.　多くの人は規則で禁止されていない迷惑行為に対して何もしない。
3.　実害のない迷惑行為に対して怒らない人はいない。
4.　実害のある迷惑行為に対して我慢できる人はいない。

6　次の文章の内容と合っているものはどれですか。　　　　　　　　　6

　振り返ってみると，一九六〇年代から始まった日本の高度経済成長を引っ張ってきたのは，重厚長大産業だった。それに代わって八〇年代から日本経済をリードしたのは，電子・自動車を中心とする先端産業となった。七〇年代後半になると，半導体は鉄鋼に代わって"産業のコメ"と呼ばれる地位を確立。八〇年代後半から九〇年代の初めにかけて，日本は半導体で世界シェアの五〇パーセント以上を占める圧倒的な生産力を誇っていた。

　だが，この頃から日本の半導体は急速に競争力を失っていく。世界シェアは二〇〇〇年に二八・五パーセントまで落ち込むと，その流れは止まらず，現在では一四パーセント程度にまで低下している。

　しかし，半導体そのもののシェアは大きく低下し，昔日の面影は失われたものの，実は，今でも半導体産業で日本がその市場をほぼ独占している分野はまだ多く残っている。半導体関係者の多くは「今でも日本の半導体関連企業が圧倒的な影響力を有している」と指摘する。

（黒崎誠『世界に冠たる中小企業』講談社）

1. 日本の半導体は，七〇年代前半から主要な産業となった。
2. 日本の半導体は，九〇年代後半に世界シェアの半分を占めた。
3. 日本の半導体は，競争力を失ったが，その関連企業の影響力は大きい。
4. 日本の半導体は，競争力を失って，半導体市場から撤退しつつある。

7　次の文章で，マイホームの防犯・防火についてどう述べていますか。　　　　**7**

　あこがれのマイホームを新築で手に入れて，これからの新生活を思い描くとき，ふと気になるのは望まれない事象の発生です。例えば，「空き巣に狙われたらどうしよう」とか，「火事になったら大変だ」という不安がよぎりますし，そのような事象が発生する確率はゼロではありません。

　しかし，…（略）…新築一戸建てを「自己の選択」で購入したわけですから，無為無策のまま空き巣や火事が発生した場合の原因は自己に帰属します。空き巣や火事のリスクがあるにもかかわらず，対策をとらなかったのも「自己の選択」によるものだからです。

　そうならないよう…（略）…マイホームを守る（制御する）ために，さまざまな防犯・防火のための対策を講じます。その対策の一つが，「ホームセキュリティ」なのです。

（田中智仁『警備ビジネスで読み解く日本』光文社新書）

1.　マイホームを守ることは購入者ではなく住宅会社が行うべきだ。

2.　空き巣や火事の発生確率は無ではないが，それを不安に思っても意味がない。

3.　無策で空き巣や火事の被害にあった場合，その原因は自分にある。

4.　マイホーム購入は自己の選択だが，ホームセキュリティは自己の選択ではない。

8　次の文章で，筆者は，約 20 億年前の地球の酸素量は約 1 ％だと書いていますが，それより前の地球についてどう考えていますか。　　　　　　　　　　　8

ミトコンドリアが二重の膜で囲まれているのはなぜか，この謎を解くには真核細胞が誕生したときにまで遡らなければなりません。

生物が誕生したのは約 38 億年前と考えられていますが，その頃の地球には酸素はありませんでした。そのため原始生物は，酸素を使わずに（嫌気性といいます），無機物（炭素を含まない化合物）を分解してエネルギーを得ていた単純な細菌（単細胞原核生物）であったと考えられています。約 27 億年前に，光合成をおこなうシアノバクテリアという藍色の細菌が誕生すると，地球上に酸素が増えました。

… （略）…

約 20 億年前には，大気に含まれる酸素の量が 1 ％くらいになったそうです。すると，酸素を使ってエネルギーを作る好気性細菌が誕生しました。やがて，一重の膜で囲まれた好気性細菌が，嫌気性の原始真核細胞の細胞膜で包み込まれるように取り込まれ，共生を始めたと考えられています。

（森和俊『細胞の中の分子生物学』講談社）

1.　生物が誕生したばかりのとき，酸素はまだなかった。
2.　嫌気性細菌が光合成をしていた。
3.　好気性細菌が酸素を作っていた。
4.　嫌気性細菌と好気性細菌が共生を始めた。

9　次の文章は，パンダのタケ（竹）食について説明しています。どうしてパンダは
タケを食べられるのですか。

9

　　パンダがもともとは肉食だったことは，腸管の構造からほぼ確実とされている。
　　しかし，何らかの原因で，本来の生息地を追われて高緯度地域に移動し…（略）…
そこでタケやササという新たな食料に適応したとされている。
　　…（略）…
　　以前から「タケを消化することができないのになぜ，タケだけ食べて生きていける
のか」は長らく謎とされてきた。
　　その謎が解明されたのはここ数年のことだ。パンダの消化管内から，他の草食動物
の腸管内に生息しているのと同じセルロース分解菌が発見され，タケ食で生きていけ
るメカニズムが解明されたのだ。

（夏井睦『炭水化物が人類を滅ぼす』光文社新書）

１．パンダはそもそも草食動物だったから。
２．パンダが高緯度地域の環境に適応したから。
３．パンダは消化管内にタケを分解する細菌をもっているから。
４．パンダがタケを食べられるのはまだ謎のままだ。

10　次の文章で，筆者は，「左遷」についてどう述べていますか。　　　　　10

　　組織の中で働いていると，不愉快なことも多いものです。とりわけ「左遷」は，その最たるものでしょう。

　　でも，これも考え方ひとつです。これまで通りの組織人生を歩んでいたら，決して経験することのできなかった環境に身を置くことができるのですから。それまで所属していた部や課を外から見る，会社そのものを外部の目で見る。これまで見えていなかったものが，突然現れるのです。なかなかのスリルです。

　　人生百年時代。長い人生を，たったひとつの組織に捧げる必要はありません。「左遷」の結果，別の人生が開ける。いろいろな経験を積むことができると捉えればいいでしょう。

　　人事というのは，他人がよく見ているものです。本人が「左遷」だと思い込んで腐ってしまうと，「その程度の人間なのだ」と判断されてしまいます。先がなくなります。

　　一方，めげることなく新しい仕事に取り組むと，再評価され，本社に復帰というのも，よくあるパターンです。

　　…（略）…

　　これからの人生，真正面ばかりを見ていないで，たまには横や斜めを見ながら進んで行きませんか。

（池上彰『知の越境法』光文社新書）

1．組織の中で働く以上，「左遷」は避けられない。
2．「左遷」されたことで視野が広がり多様な経験が得られる。
3．人生百年時代だから，「左遷」されたら別の組織に移ればよい。
4．「左遷」後の仕事ぶりが評価されたら人事部に所属できる。

11　次の文章を読んで後の問いに答えなさい。

　浮世絵は日本の美術の中で、もっとも広く知られているジャンルであろう。…（略）…浮世絵が国内外でこれほどまでに親しまれている大きな理由は、浮世絵の主体をなす版画のもつわかりやすい美しさであろう。明快な線によってかたちづくられる印象的な構図と明るい色彩は、多色摺浮世絵版画の最大の魅力である。

　…（略）…

　しかしながら、浮世絵版画のそうした造形上の美しさをささえている、木版画の＊色摺技術について詳しく知っている人はあまり多くはないだろう。…（略）…今日、彫りと摺りという技術的な観点での浮世絵研究はけっして盛んではなく、浮世絵絵画の復刻に直接たずさわる人たちを別にすれば、浮世絵版画の技術の詳細について自信をもって語れる人はかならずしも多いとはいえない。

　また、造形的に明快な美しさをもつ一方で、浮世絵の鑑賞にはかなりの知識が要求されるという一面ももっている。

（大久保純一『カラー版　浮世絵』岩波書店）

＊色摺：種々の色を用いて刷ること。

問1　筆者は，浮世絵における「美しさ」をどのように考えていますか。　　　11

1．複雑な線と難解な構図，そして鈍い色彩が浮世絵の魅力だ。

2．浮世絵版画に詳しくなくても浮世絵の美しさは分かる。

3．浮世絵の美しさは外国で人気があるので，鑑賞には知識が要求される。

4．浮世絵版画の技術について美しく語れる人はいない。

問2　この文章で述べている浮世絵と版画の関係として，最も適当な説明はどれですか。　　　12

1．浮世絵の多くは版画だが，そうでない浮世絵もある。

2．彫りと摺りという技術的観点で研究するのが浮世絵の版画だ。

3．浮世絵は少ない色でも鮮やかに描かれるので国内外で人気がある。

4．造形的に明快な美しさをもつ版画が，日本では浮世絵と呼ばれる。

12　次の文章を読んで後の問いに答えなさい。

　　私達とは全く違った文化圏で生まれ，時を経てゆくうちに様々な既成概念や習慣を纏って日本まで＊辿り着いたのが，現在我々が耳にするクラシック音楽だ。そして，そのクラシック音楽の情報は，実は唯一楽譜の中にしか無い。しかし楽譜とは一葉の紙に書かれた記号であって，その紙片が音楽として鳴っているわけではないのだ。書いてあるのは，どうやってそこから音楽を作り上げるのかという，作曲家が残したメモである。従って，作曲家が死んでしまえば，時間と共に様々な解釈が出現してゆく。

　　…（略）…加えて，楽譜そのものさえ，現代の出版譜には，自筆譜や初版稿へのリサーチを欠いているものも散見する。そこで，自らの内外に巣食うこうした誤謬や偏見，或いはあやふやな伝統や習慣を検証し，オリジナルな譜面を前にゼロベースで向き合ってみる。すると，虚を衝くような驚きを以て，今まで見えなかったもの，聴こえなかった音が聴こえてくるのだ。

（森本恭正『西洋音楽論』光文社新書）

＊辿り着いた：苦労のすえに，やっと行き着く

問1　日本におけるクラシック音楽の楽譜とはどういうものですか。　　13

1.　音楽の情報が記号で書かれた紙片
2.　CD や mp3 の音楽を否定するような原型
3.　どのように演奏したかという当時の慣習
4.　作曲家以外の他者に様々な解釈を許可するもの

問2　この文章の内容と合っているものはどれですか。　　14

1.　日本とは全く違った文化圏で生まれた音楽がクラシック音楽と呼ばれている。
2.　今まで聴こえなかった音が聴こえてくると作曲家は驚く。
3.　楽譜を正確に読むには，印刷ではなく作曲家自筆の楽譜を読むのがよい。
4.　作曲家の意図に沿って曲を理解するには，先入観を捨てて楽譜を読むことが必要だ。

13　次の文章を読んで後の問いに答えなさい。

　日本人には自明のことですが，シェアには「直箸問題」が出てきます。シェアする
のはいいんだけど，直箸で大皿やお互いの料理を取るのは抵抗がある，と感じる人た
ちの問題です。

　アジアの中で，いえ，世界の中でじつは，「清潔」という観念を一番強烈に意識し
ているのは，日本人です。アジアを旅して，トイレ問題で一番最初に音を上げるのは，
もちろん日本人です。その不潔さに耐えられないのです。

　…（略）…

　取り箸で子供の頃から育った女性が，直箸で育った男性と結婚して，男性の家族と
食事をする時に，直箸に耐えられないと感想をもらしたりします。そもそも，家族同
士でもずっと取り箸を使ってきたので，親しくなることと，直箸になることは関係が
ないのです。

　日本人だけではなく，じつは，多くのアジア人は食物をシェアします。

　アジアは直箸が主流ですが，直箸問題を解決するために，日本人がやる「逆さ箸」
を嫌がる国もあります。東アジアだと中国や韓国がそうですが，箸の反対の部分は，
手が触れているのだから「手の汚れ・垢」が付いているんじゃないか，と感じるのです。
「食物を自然にシェアするアジア」と言っても，ひとつじゃないところが面白いのです。

（鴻上尚史『クール・ジャパン!?　外国人が見たニッポン』講談社）

問1　下線部「直箸問題」について，筆者は，どのように説明していますか。　15

1.　日本人は直接的な言動を嫌うから，直接的な箸の使用も好まない。

2.　日本人は一つの食物をみんなで食べることを，じつは気にしている。

3.　日本人は清潔意識が強いから，料理をシェアするとき他者の箸を嫌がる。

4.　日本人はトイレと他者の箸を同じくらい不潔だと感じている。

問2　直箸について，本文の内容と合っているものはどれですか。　16

1.　日本人はみんな直箸を嫌っている。

2.　アジアは清潔志向だが直箸は気にしない。

3.　直箸・取り箸それぞれの文化で育つと，他の文化になかなかなじめない。

4.　食べ物をシェアするときに直箸を使うのはよくない。

14　次の文章を読んで後の問いに答えなさい。

　墨と筆そして水によって，白い画面にさまざまなものを浮かび上がらせる。墨にもいくつもの色調があり，水はそれにグラデーション（階調）や滲みを与え，筆は，よどみなく流麗な，また力強い線へと手の動きを伝える。この三つをどのように組み合わせ，どこを強調するかによって水墨画の多彩な表現は生まれてくる。

　墨はとてもシンプルな画材で，材料は煤である。菜種油や松の樹脂などを燃やして採るが，成分としては単なる炭素。それに水を加えて使う水墨画は，「火」と「水」という，もっとも身近でかつ原初的なものへと繋がっている。

　「黒（玄）」は本質を象徴する色でもある。奥深い真理を玄旨といい，そのありようを玄妙といい，そこへの入口を玄関という。ふつうの色とは異なる無彩色は，独特の表情とリアリティで世界をえがき出すことができる。

　そして，墨はそれだけでもきれいだ。紙の繊維に沿って滲んで，その紙の素材感とともに発色する。乾けばまた墨色が変わり，深みのある濃墨，また軽やかな淡墨に。裏打ちの紙が入れば存在感を増す。

　それらはなにか，根源的なものを感じるのだろう。絵画の究極を求めて，最後は水墨画へと向かった画家は少なくない。一方で，簡単なものなら誰でもえがける。墨を磨るのも，線を引くのも心地よく……。

　そんな水墨画について語ってみようと思うのだが，その魅力については，ことばを尽くすより見るのが早い。小さな本なので美術全集のようにはいかないが，まずは口絵をぱらぱらと眺めて頂ければ。

（島尾新『水墨画入門』岩波書店）

問1　下線部「墨はそれだけでもきれい」なのはなぜですか。　　　17

1.　紙の素材感を覆うほど発色するから
2.　乾いたあとで色の濃淡が変わるから
3.　水墨画は多彩な表現ができるから
4.　紙に滲むとき奇抜な色を出すから

問2　水墨画について，筆者の考えと合っているものはどれですか。　　　18

1.　究極の絵画は水墨画なので，他の絵を描いた後に描くのがよい。
2.　水墨画は火と水を使うので根源的なものを感じたい人には最適な美術だ。
3.　対照の美を出すために水墨画の紙は白くなければならない。
4.　水墨画の美しさは文章を読むよりも実際に絵を見たほうがいい。

15　次の文章を読んで後の問いに答えなさい。

　海の話でいうと，サメも実態以上にこわいと思われているのではないでしょうか。…（略）…いかつい顔や歯から受けるイメージや，魚独特の表情のなさ（魚同士には表情が見えているのかもしれません）が私たちに冷徹な印象を与えているのかもしれません。

　しかし，サメはみなさんが思っているほど危険な生き物ではなく，滅多に人を襲うことはありません。水族館でサメを見たことがある人は多いと思いますが，実際に海で泳いでいる時にサメを目撃した人はかなり少ないのではないでしょうか。実は，私は海が大好きです。世界中の海に泳ぎに行っており，泳いでいる最中にサメに出会ったことがありますが，今のところ襲われた経験はありません。

　私たち人間はサメのことを知っていても，サメから見たら人間は得体の知れない存在です。人間はサメをこわがっていますが，それ以上にサメも人間をこわがっているのかもしれないのです。外国の人がなかなか納豆を食べられないように，初めての食べ物にはなかなか抵抗があるものです。知りもしない人間を食べてみるのはさらに勇気がいることでしょう。したがって，サメが人間を食べ物だと思って襲う可能性は非常に低く，実際にデータもそれを裏付けています。サメに襲われて亡くなる人は少なすぎて年によって増減していますが，世界で年間五〜一〇人程度，飛行機事故で亡くなる人の一〇〇分の一以下の人数です。

（島崎敢『心配学』光文社新書）

問1　人がサメをこわいと思うのはどうしてですか。　　　　19

1. サメの顔や歯におそろしい印象があるから。
2. 海で泳いでいると，必ずサメに襲われるから。
3. サメが凶暴な表情をしているから。
4. サメが人間をおいしい食べ物として食べるから。

問2　サメが人間を襲うことについて，筆者はどう述べていますか。　　　　20

1. サメが水族館などの環境にいる場合，人を襲うような凶暴性はない。
2. サメにとって人はそれほど栄養のある食べ物ではないので，襲うことは少ない。
3. サメに襲われて亡くなる人はデータ上少ないが，実際にはその一〇〇倍くらいの人が襲われている。
4. サメにとって人は正体不明の存在だから，実際には滅多に近づかない。

16　次の文章を読んで後の問いに答えなさい。

　究極的にお客様のことを考え，他社の製品を勧めた時，そのまま他社の商品を買う
お客様と，結局自社の製品を買って下さるお客様のどちらが多いかと言えば……，な
んと後者のほうが多いのです。

　これは，もちろん，狙ってやっていることではないのですが，実際，私の経験を振
り返れば，統計上その確率が高いのです。

　心理学の用語に，「返報性の法則」という言葉があります。これは，人間には，親
切にしてもらったお返しに，その人に御礼をしなければならないという心理が生じる
ことです。

　私は，こういった場面に何度も遭遇したことで，お客様に真に喜ばれる営業マンと
は，「本当のことを話す営業マン」であると確信しました。

　お客様が，直接商品を買わず，お店に探しにいらっしゃっているということは，そ
の商品や他社の商品の情報を得て，そしてちゃんと比較をした上で購入されたいとい
うことです。

　…（略）…

　すべての商品の裏から表まで知り尽くしている営業マンだからこそ，その人間が裏
表すべての情報を出せば，それは，お客様にとって，本当にそれ以上ない最高の情報
になるのです。

（菊原智明『あんな「お客」も神様なんすか？』光文社新書）

問1　返報性の法則の例として，最も適当なものはどれですか。　　　　21

1.　無料の試食品を提供することで，客は購買意欲をもつ。

2.　知らない人を助けたら，自分もいつか知らない人に助けられる。

3.　営業マンは自社製品を勧めないことで客の信頼を得る。

4.　友達にプレゼントをすればするほど，真の友達ができる。

問2　客に喜ばれる営業マンの説明として，最も適当なものはどれですか。　　　　22

1.　自社製品の欠点を客に打ち明ける。

2.　心理学の知識を生かして客の心を読み取る。

3.　商品に関する全情報を客に提供する。

4.　客の代わりに自社と他社の商品を比較する。

17　次の文章を読んで後の問いに答えなさい。

　小さな赤ちゃんでも，お母さんの顔やおっぱい，そして目の前の玩具を見ることができる。しかし大人と比べて未熟な目や脳をもつ赤ちゃんでは，さまざまなもので満ちあふれごちゃごちゃとした世界の中で自分が見たい対象だけを抽出するのは＊骨が折れる。そのため，おおざっぱに対象をとらえ，必要な対象以外とりあえず無視することが必要とされるのだ。

　背景をすべて無視して，抽象的な描き方をする子どもの絵には，こうした子どもの認識世界の特徴があらわれているのだ。

　…（略）…

　ところで絵の得意な人は，いつ頃から頭角をあらわすのだろう。絵を描いている人たちの中で，３歳や５歳で「天才」と思われた人は少ないようだ。

　美大生を対象に，いつ頃から自分の絵をほめられた記憶があるかを調べた調査結果がある。それによれば，いわゆる絵の発達段階を経過した小学校中学年の頃に評価が定まるようなのだ。絵がうまくなってほしいからとむりやり幼い子どもに写実的な描き方を強いるよりも，認識面の発達を待つことが必要なようだ。

　古代エジプト時代の壁画は子どもの絵に似た特徴をもつように見える。

　たとえば子どもの絵によく出てくる人物像。顔は正面を向いているのに身体は横を向いているような，身体解剖学を無視したような絵。それは古代エジプト時代の絵によく見られる構図である。

　重要な人物を中央にすえて，遠近法を無視して異様に大きく表現すること。これも子どもの絵とエジプト絵画の共通の特徴ともいえる。お母さんや王様が常に中央にいるような絵だ。

　この重要な人物を真ん中に大きく描くのは，古代エジプト時代の絵画だけに限られたものではない。中世キリスト教の宗教画や中国や日本の古い絵画でも，人物の地位によって絵の中の位置や大きさが変わったりする。

　…（略）…

　１万5000年前の旧石器時代の絵ですら，遠近法の手法が使われているのである。

　ラスコーの壁画だ。壁画に描かれた動物の絵，遠くの動物は不鮮明で小さく描かれ

ている。これは遠いところに存在することを表現する，絵画的な手法のひとつである。

（山口真美『正面を向いた鳥の絵が描けますか？』講談社）

＊骨が折れる：苦労する

問1　筆者は，子どもが抽象的な描き方をするのはどうしてだと述べていますか。

$\boxed{23}$

1. 絵が得意なのにまだ頭角をあらわしていないから。
2. 両親の才能が子供に遺伝するから。
3. さまざまなものの中から自分が見たい対象を選べないから。
4. 未発達の知覚・感覚では描画に限界があるから。

問2　この文章によれば，子どもに上手な絵を描かせるにはどうすればよいですか。

$\boxed{24}$

1. 教育するよりも頭脳や知覚の成長を待つ。
2. エジプト絵画やラスコー壁画を学ばせる。
3. 写実性を放棄して，抽象的な絵を上達させる。
4. 認識面で構図が把握できるようにする。

問3　古代エジプトの絵画について，適当なものはどれですか。

$\boxed{25}$

1. 絵画技法は中世の西欧や昔の日本に影響を与えた。
2. 絵はエジプト人の子どもが描いたと推測される。
3. 遠近法や身体解剖学を無視したような構図がみられる。
4. 人物の地位によって絵の中の位置が変わり，お母さんや王様が常に中心にいる。

第⑤回

（制限時間：70分）

記述問題・説明

　記述問題は，二つのテーマのうち，<u>どちらか一つを選んで</u>，記述の解答用紙に書いてください（テーマ番号を書く必要はありません）。

　文章は横書きで書いてください。

　解答用紙の裏（何も印刷されていない面）には，何も書かないでください。

記述問題

　以下の二つのテーマのうち，どちらか一つを選んで 400 ～ 500 字程度で書いてください（句読点を含む）。

①　世界では，飢餓に苦しむ国がある一方で，食料廃棄の問題が起こっている国もあります。このような世界の食糧危機が発生する理由は何でしょうか。そして今後，世界の食糧危機がどのようになっていくと思いますか。あなたの考えを述べなさい。

②　近年，高齢化問題が数多くの先進国では深刻な社会問題となっています。高齢化問題が深刻化している理由は何でしょうか。そして今後，先進国は高齢化問題にどのように取り組めばいいと思いますか。あなたの考えを述べなさい。

読解問題・説明

　読解問題は，問題冊子に書かれていることを読んで答えてください。

　選択肢 1，2，3，4 の中から答えを一つだけ選び，読解の回答欄にマークしてください。

読解問題・説明

1　次の文章は，日本の流通経路について解説する部分の冒頭部分です。筆者が考える「一般的な流通経路」として最も適当なものは何ですか。　　　　　　 1

　　コンビニで弁当を買う。スーパーで肉や野菜を買う。ドラッグストアでシャンプーを買う。私たちが，日常生活を送るにあたり，当たり前のように行っているこれらの消費行動のすべては，モノが生産・製造された場所からコンビニやスーパーといった店舗に運ばれてくることによって成り立っている。こうしたモノの運搬や管理を「物流」と呼ぶ。国内で年間に輸送される貨物量は約四七億トンにのぼり，このうち九一％がトラックによって運ばれている。今日，トラック輸送は，日本の物流の主軸である。

　　…（略）…

　　農家で収穫された野菜が，私たちの手元に届くまでを例にとり，トラック輸送の実態を解説してみたい。近年は，卸売市場を通さずに，生産者や出荷団体から直接スーパーに配送したり，インターネットを通じて農家と消費者個人がやり取りして直送したりするサービスも増えている。だがここでは，ごく一般的な流通経路を取り上げる。

（首藤若菜『物流危機は終わらない』岩波書店）

1.　生産者から，直接購入者の元へ商品が送られてくる。
2.　生産元から，商品が卸売市場に送られ，店舗に並ぶ。
3.　トラック輸送を使用した運搬。
4.　スーパーマーケットやコンビニに商品をそろえ，販売する。

2　次のメールの内容と合っているものはどれですか。　　　　　　　　　2

大学施設夏休み短縮営業のお知らせ

8月1日（土）～9月25日（金）までは以下のスケジュールで営業します。

	中央食堂	南食堂	図書館	資料室
平日	11:30~15:30 ラストオーダー 14:30	閉店	11:00~17:00	11:00~17:00 （要予約）
土日祝	お弁当販売のみ （11:30~14:00）	閉店	閉館	11:00~17:00 （要予約）

※電話での問い合わせも上記営業時間と同様です。
資料室の予約は，電話（020-2211-3344）または，大学ホームページから常時受け付けています。
※（水曜日）中央食堂は臨時休業いたしますのでご注意ください。
図書館では臨時の長期貸出を7月29日（水）より実施します。
対象者は，学部生，院生，研生に限ります。
最終返却期限は9月30日（水）です。対象資料は図書のみで，雑誌や視聴覚資料，
教科書等は通常通り二週間の貸出となります。
ルールを守って，夏休み中も有意義に学内施設を使いましょう。また，大学正面入
り口にあるコンビニは夏休み中もいつでも利用することができますので活用してく
ださい。

1.　大学の卒業生は二週間を過ぎても，本を返す必要がない。

2.　7月29日以降大学内で食事を摂る場所はない。

3.　修士課程の学生は，7月31日に図書館で借りたCDを9月30日に返却すればよい。

4.　資料室の予約はインターネットでいつでもできる。

3　下線部「"染井吉野"の大きな特徴のひとつ」として最も適当なものはどれですか。

3

　"染井吉野"の大きな特徴のひとつは，接木(つぎき)によって増殖され，すべての個体が同じ遺伝子をもつクローンということである。接木とは，増殖したい親木から穂木(ほぎ)と呼ばれる枝を採り，台木となる木につなぎ合わせて成長させる手法である。したがって，接木によって増殖された新しい個体は，接いだ部分から下側の根の部分は親木と異なるが，接いだ部分から上部は親木とは変わらない形質をもつ。また，発根性が強い種類では，接いだ上部から発根して，やがて根の部分もすっかり置き換わる場合もある。こうなると親木と遺伝的にまったく同じ個体ができあがることになる。"染井吉野"は発根性が比較的高く，根が置き換わったケースもしばしば見られる。

（勝木俊雄『桜』岩波書店）

1.　台木と親木はもとの遺伝子が同じである。
2.　親木から採った穂木を台木につなぎ合わせることで増殖される。
3.　台木から根を採ってつなぎ合わせることで増殖される。
4.　すべての個体において，接いだ部分から発根する。

4　次の文章で，子どもが自分の感情をコントロールすることができるようになるために必要なこととして，最も適当なものはどれですか。　　　　　　　　 4

　生後数ヵ月をかけて，養育者と子どもは「アタッチメント（愛着）」という関係性を築き上げます。アタッチメントとは，情緒的な結びつきのことを指します。このアタッチメントがあることで，赤ちゃんは不安なときや怖いことがあったときに，安心感を得ることができます。泣きながら養育者にくっつくことで，安心感を得るのです。

　アタッチメントを形成するためには，特に生後間もない時期には，養育者側のかかわりが極めて重要です。赤ちゃんは不快なときや不安なときに，泣くことによって，自分の状態を表現します。養育者側は，そのような赤ちゃんに対して，敏感に反応する必要があります。

　赤ちゃんが目を覚ましたときに誰もいなければ不安で泣くことがあります。そのようなときは抱っこして，安心感を与える必要があります。お腹がすいたときにはおっぱいやミルクをあげることで，空腹を満たしてあげる必要があります。このようなかかわりを通して，赤ちゃんとのアタッチメントの関係性が形成されます。

　アタッチメントの関係性を築くことで，子どもは自分の感情をコントロールすることができるようになります。

（森口佑介『自分をコントロールする力』講談社）

1．養育者に対して，敏感に反応をすること。
2．養育者にとって，要求が満たされる環境であること。
3．養育者によって，子どもが安心感を与えられること。
4．養育者によって，不快や不安が表現されること。

5　次の文章の内容と合っているものはどれですか。 <u>5</u>

　　親世代に寄生し自立しない若者を意味する「パラサイト・シングル」が，定職に就かない「フリーター」増加の背景となっているといった議論を経て，二〇〇四年〜〇五年にかけては，働く意欲をもたない若者としての「ニート」という言葉がイギリスから輸入され，日本独自の定義を与えられてマスメディア等で大きく取り上げられた。

　　「ニート」をめぐる言説の主流となっていたのは，「ニートとは，甘えた，精神的にひ弱な人間であり，彼らがそのようになったのは親の育て方に問題がある」という認識であり，社会にリスクをもたらす彼らを害悪とみなす視線であった。

（本田由紀『教育は何を評価してきたのか』岩波書店）

1.　「ニート」に対しての世間の目は冷たい。
2.　「フリーター」は，仕事をしていない人間のことを言う。
3.　子どもに頼り，自分で生活できない親は，「パラサイト・シングル」と呼ばれている。
4.　社会に害を与える若者を「ニート」と言う。

6　次の文章で，筆者は自分の仕事についてどのように述べていますか。　　　6

　*ブックライターにとって，編集者や著者は大事な仕事のパートナーです。もちろん，それはひとつの仕事のご縁であり，ビジネスの場でもあるわけですが，実のところ，私はそこまでドライに割り切っていません。

　世の中にライターは大勢いるのです。また，編集者も大勢いるし，著者も大勢いる。そんな中で，たまたまご縁があって，ひとつの仕事をさせてもらっている。

　単なるビジネスの場というだけではなく，もっと人間的なご縁の場でありたい，と私は思っています。ですから，編集者には，担当するこの本によって，彼自身がなにがしか得るものがあったり，社内的な立場がよくなったりしてくれれば，と思っています。いい本ができれば当然，編集者はまわりの同僚たちから褒めてもらえることになるでしょう。著者からの信頼感も高まる。

　著者も同様です。その本が出ることによって，著者のステージが一つでも二つでも上がる。いい本が出たと周囲から評価してもらえる。講演獲得などのPRにもつながっていく。そういう本を作りたいといつも願っています。

（上阪徹『職業，ブックライター。』講談社）

*ブックライター（book writer）：著者との対話を通じて，著者の書きたいことを著者の代わりに執筆して本にする職業。

1．本作りの場は同床異夢になりがちだ。
2．大勢の中でいい縁をもらえるのは，一握りの人間だ。
3．仕事の場で出会えた人にプラスになるような仕事をしていきたい。
4．評価されることが仕事の中では最も重要なことだ。

7　次の文章で筆者は，古代都市が大河川の下流域に発達した理由について，どのように説明していますか。

7

　　かつて，人びとは日あたりがよくて平坦なところ，それから水がえやすく，しかも洪水からわりあい安全な場所を選んで住んだ。それは長いあいだの経験から体得した生活の知恵ということができる。

　　古代都市が，チグリス・ユーフラテス川やナイル川，黄河など，大河川の下流域に発達したのは，やはり水との関係が大きかった。都市を形成しない人びとの集落も，そのほとんどが，河川に沿う低地や海岸付近の微高地に立地する。

　　河川に沿って発達する微高地の代表は自然堤防であり，…（略）…自然堤防は，河川に沿って長く連なる高まりで，横断面形は河岸が急で，外方に向けて緩傾斜となっている。アメリカ合衆国のミシシッピ川下流域には典型的な自然堤防が認められるが，わが国の場合は規模が小さく，その後分断されたり，変形されているものが多い。

（日下雅義『地形から見た歴史』講談社）

1.　河川に堤防をつくる目的があったため。

2.　戦火から町を守りやすいため。

3.　河川によって，人が行き来しやすかったため。

4.　生活に必要な水を容易に確保するため。

8　次の文章で，筆者はナポレオンについてどのように述べていますか。　　　8

　　フランス革命の後に権力を握ったナポレオンは，科学力が戦争の＊帰趨を決めるよ
うになるだろうとの予測の下に，後にエコール・ポリテクニーク（理工科学校）とな
る陸軍大学校を設立した。そこでは軍人たちに最新科学を学ばせるとともに，化学者
に火薬の改良に当たらせた。さらに，天文学者を雇用して星の位置を観測する外洋航
法の開発に従事させ，地理学者にスエズ運河の可能性を検討させている。とはいえ，
ナポレオンは発明されたばかりの熱気球や軽気球，潜水艦や水雷にさしたる興味を示
していない。陸軍一辺倒だったのだろうか。

（池内了『科学者と戦争』岩波書店）

＊帰趨：帰結

1.　潜水艦や水雷などの軍事を学ぶ学校を作った。
2.　軍人たちに火薬や武器の改良をさせた。
3.　新しい技術には何でも興味を示した。
4.　戦争の勝敗において科学力が重要だと考えていた。

9　次の文章で筆者は，新興国での原子力発電の使い道についてどのように述べていますか。

9

　　原子力発電の必要性の根拠として，いつも持ち出されるのが，「安定供給（エネルギー安全保障）」と「温暖化対策」である。

　　通常，「安定供給」は国単位で語られることが多い。今後原子力発電を拡大，または導入しようとしている国は，中国，インドを筆頭とした新興国がまず挙げられる。急成長する経済とともに電力需要も急速に伸びており，安定供給するための手段として，化石燃料のみならず，再生可能エネルギーと原子力による発電を求めているからだ。

　　また，中東・東南アジア諸国のうち，石油や天然ガスが豊富な資源国も，化石資源を輸出用とする一方，国内需要を原子力で賄うというエネルギー政策が台頭している。こうした原子力の新たな需要は，福島事故以降も継続しており，そういった国々での原子力に対する期待は高い。

（鈴木達治郎『核兵器と原発』岩波書店）

1．化石燃料や再生可能エネルギーと並行して，国内需要を賄う。
2．福島の原発事故をふまえて，安全技術を向上させている。
3．経済を急成長させるために，輸出用に使用する。
4．原子力発電は危険が伴うため縮小させる。

10　次の文章で，筆者が述べている内容に合うものはどれですか。　　　10

　エクマンが考える基本感情は，「喜び」「驚き」「嫌悪」「悲しみ」「怖れ」「怒り」の六つです。怒り以外の五つは，自然現象や動物によっても引き起こされますが，怒りだけは「他人」にしか向けられません。

　くじに当たれば嬉しく感じ（喜び），大事にしていたものが壊れると悲しくなります（悲しみ）。道端で目にした嘔吐物のせいで不快な気分（嫌悪）になり，イヌに吠えられれば怖い思いをします（怖れ）。突然の雷鳴に驚くことがあっても（驚き），物や自然の現象に対して，わたしたちが怒りをおぼえることはほとんどありません。でこぼこした道につまずいて転んでも，その怒りをでこぼこ道にぶつけることはできません。

（川合伸幸『怒りを鎮める　うまく謝る』講談社）

1.　人間の基本感情は，五つである。
2.　無生物のものに対して，怒りを感じることはほぼない。
3.　人に対して，喜びをおぼえることはほぼない。
4.　他人に向けられる感情を，「怒り」と呼んでいる。

11　次の文章を読んで後の問いに答えなさい。

　虐待による脳への衝撃は，深刻だ。…（略）…虐待時にどんな恐怖を与えられたかによって，影響を受ける部位は変わるという。

　子ども時代に性的虐待を受けた大学生の脳を調べたところ，視覚野の容積が減少しており，しかも思春期以前の 11 歳までに虐待を受けた患者で著しく，虐待を受けた期間が長いほど，容積は小さくなっていたという。さらに虐待を受けた時期で脳を比較してみたところ，3 歳から 5 歳では記憶を司る海馬が直接影響を受け，その容積は 8.1 パーセント減少していた。9 歳から 10 歳では左右の半球をつなぐ脳梁に影響を受け，その容積は 22.4 パーセント減少し，思春期以降の 14 歳から 16 歳頃では，自分をコントロールする前頭前野に影響を受け，その容積は 5.8 パーセント減少していたという。これは推測にすぎないが，幼い時期にはおそらく何が起こったか理解ができず，（　Ａ　）そのものを消し去ろうとしたのだろう。やがて状況を理解できるようになると，学習や記憶・犯罪抑制力にかかわる部位の機能を低下するように働きかけている。まるで虐待の経験そのものを拒絶するかのように，脳は変化していたのである。

（山口真美『発達障害の素顔』講談社）

問1　（　A　）に入るものとして適当なものはどれですか。　⬚11

1.　記憶
2.　学習
3.　判断
4.　抑制

問2　虐待を受けた患者について，筆者が述べていることはどれですか。　⬚12

1.　虐待を受けた患者の数は深刻なものがある。
2.　患者は，脳への損傷を意識的にコントロールしている。
3.　脳の変化は，虐待の経験を記憶するためのものである。
4.　虐待を受けた時期によって，影響を受ける脳の部位は異なる。

12　次の文章を読んで後の問いに答えなさい。

　幼児期の子育て相談でくりかえし出されるのが反抗期についての悩みです。2，3歳の子どもが「イヤ」といいはじめると手がつけられなくなる，どうしたらよいかというものです。この時期を特別に「イヤイヤ期」と呼んだりするのも，多くの親が「イヤ」に困っているからでしょう。少し前までは母親の指示に素直に応じていた子どもが，なぜいうことを聞かずにイヤを連発し，手に負えない状態になるのか，親としては理解できないというのでしょう。

　反抗期の子どもを持つ親の調査によると，2，3歳の幼児に「イヤイヤ期」があることはよく知られているようです。反抗をこの時期の成長のあかしだと認めはしても，しかし，激しいイヤイヤに多くの親がいらだったり，戸惑ったりしていることが報告されています。それはなぜ幼児が反抗するのかがよく理解されていないからだと思われます。

　一度イヤイヤが始まると，何もかもがイヤの対象になり収拾がつかなくなりがちです。さっきイヤだといったことを，ではやっていいからと親が譲っても（　A　）で，それもイヤだといいます。つまり，イヤは何かをきっかけに始まりますが，子どもにとっての問題はきっかけになった事柄ではなく，自分の意思が通らなかったこと，遮られたことに抗議しているというわけです。

（高橋惠子『子育ての知恵』岩波書店）

問1　（　Ａ　）に入るものとして適当なものはどれですか。　13

1.　時流にのる

2.　時が解決する

3.　時は遅し

4.　時を争う

問2　下線部「「イヤ」といいはじめると手がつけられなくなる」とありますが，この時の幼児の気持ちとして最も適当なものはどれですか。　14

1.　自分の主張が通らなかったことへの抗議。

2.　親を戸惑わせたいという気持ち。

3.　この時期の成長の証拠だと認めてほしいという気持ち。

4.　親の主張が一貫していないことへの抗議。

13　次の文章を読んで後の問いに答えなさい。

　ユスリカ科というカのなかまがいる。カといっても血を吸うものではなく，ヒトには害はない。幼虫は「アカムシ」と呼ばれ，魚の餌になることでも知られる。

　そのなかに，アフリカの乾燥地帯に生息するネムリユスリカという種がいる。この虫がとんでもない能力を持っているのだ。

　その幼虫は，乾季になって生息地の水たまりが乾くと，水分三パーセントの乾燥した状態で無代謝のまま休眠を行うことができるのである。そして，水を与えると復活する。

　人工の環境下ではあるが，一七年間ずっと乾燥状態だったものを水に戻し，再び動き出したことが確認された。まさに時間を旅する昆虫である。

　また強い耐性を持ち，摂氏百三度に一分，摂氏零下二百七十度に五分，そのほか，無水エタノールや放射線にも耐えることができるという。

　どうしてこのようなことができるかというと，水に代わってトレハロースという糖を体内に蓄積し，生体成分を保護することができるからである。水たまりが乾いて，だんだんと環境が厳しくなると，体にトレハロースが蓄積されていく。

　最近では宇宙ステーションに乾燥した幼虫が運ばれ，そこで復活させる実験が行われたという。

（丸山宗利『昆虫はすごい』光文社）

問1　ネムリユスリカの乾季の時の能力とはどのようなものですか。　　　15

1.　宇宙の環境下で生きることができる。

2.　放射線を避けることができる。

3.　体に糖をため，乾燥に耐える。

4.　体温を非常に高くできる。

問2　この文で述べている実験内容として，最も適当なものはどれですか。　　16

1.　乾燥した水たまりの生態観察。

2.　乾燥状態にあるネムリユスリカをもとの状態にかえす。

3.　トレハロースの分解能力を調べる。

4.　放射線や無水エタノールを使用して耐性を調べる。

14　次の文章を読んで後の問いに答えなさい。

　以前，すべての本は書庫に保存されていました。読者は煩雑な手続きをして読みたい本を請求し，出納係が書庫の中を駆け回って出してくるまで，待っていました。出てきた本が自分の必要とする内容でなければ，その手続きを繰り返さなければなりません。

　それを，利用者が自由に書架の前に行き，内容を確かめてから，読んだり，借り出したりできる，公開書架制に変えました。図書館の管理者は「本がなくなるから」と躊躇しましたが，読者は歓迎してくれました。今は，そこに出ている本の冊数が多すぎて，かえって探しにくいこともあるようです。今後はその運営と適正規模について，議論と実験が必要になるでしょう。

　しかし，公開書架制の方式の普及につれて，正規の手続きをせずに本を持ち帰る人が現れました。それでも，読者が自分で探せて，納得して借り出せるという条件はなんとしても守らなければなりません。いろいろ工夫した結果，今日では無断貸出防止装置という機械によって対応しています。

　それでも切り取りや，本を壊して中身を持ち去る人もあって，頭の痛いことです。さらに，書き込み，汚損，食べ物や髪の毛の残存，未返却のまま連絡を絶つ人など，自由な利用の確保と適切な管理とのあいだの難問は絶えません。図書館の資料は公共のものという意識を，利用者と図書館が共有する方向で解決に向かいたいものです。

（竹内悊『生きるための図書館』岩波書店）

問1　下線部「読者は歓迎してくれました」とありますが，この理由として最も適当なものは何ですか。　　　　　　17

1.　書架の本を手に取って，読みたい本を探すことができるため。

2.　手続きをせずに持ち帰ることができるため。

3.　図書館の資料が公共のものになるため。

4.　出ている本の冊数が増えるため。

問2　公開書架制が普及するにつれて，持ち上がった問題とは何ですか。　　　　　　18

1.　本を探す手続きが煩雑である。

2.　本を管理することが難しくなった。

3.　利用者が本を自由に探し，納得して借りられる。

4.　出納係への負担が生まれた。

15　次の文章を読んで後の問いに答えなさい。

　　ある晴れた休日，「今日はお出かけ日和だ」と言って意気揚々とＡさんが家族をつれてピクニックに出掛ける。ところが，急に天気が崩れて土砂降りになり，「ほんとに今日はお出かけ日和ね」と家族に言われてしまう。Ａさんに対する (1)非難のこもったこの発言がいわゆるアイロニー発話と呼ばれるものの典型です。

　　…（略）…

　　先ほどと同じ場面で，家族が「あれ，少し天気が悪くなったみたいね」と発言した場合でも，やはりそれはアイロニーとして機能します。しかし，もしもアイロニーが「言いたいことの逆を言う」修辞技法だとすると，「少し天気が悪くなったみたい」という言葉の逆，つまり，聞き手が復元するべき話し手の真の意図はどういうことになるのでしょうか。…（略）…妥当と思われる解釈は，「天気が悪くなった。それは『少し』どころではないし，『みたい』ではなく明らかに悪くなった」ということでしょう。ここでは (2)二つの否定（「逆」）が働いているようです。

（木原善彦『アイロニーはなぜ伝わるのか？』光文社新書）

問1　下線部（1）「非難」の理由として，最も適当なものはどれですか。　19

1.　家族が心から「今日はお出かけ日和だ」と思ったから。

2.　Ａさんが本当は土砂降りになることを知っていたから。

3.　家族はＡさんを非難しているように見えるが実は非難していない。

4.　Ａさんが「お出かけ日和」と言ったのに土砂降りになったから。

問2　下線部（2）「二つの否定」が本文中の例文と同じように作用した場合，「Ｂさんは今回のテストがかなり悪かった」のアイロニー表現はどうなりますか。　20

1.　Ｂさんは今回のテストが少し悪かったようだ。

2.　Ｂさんは今回のテストがやや良かった。

3.　Ｂさんは前回のテストがかなり悪かった。

4.　Ｂさんは次回のテストは良いだろう。

16　次の文章を読んで後の問いに答えなさい。

①　イリエワニは，海でも平気で泳ぎ回る凶暴な種類である。体長が七メートル，体重は一トンにもなる。たいていは水の中にいて，陸上では寝そべって日向ぼっこをしていることが多い。起き上がる時だけ，腕立て伏せよろしく体を持ち上げるのだ。時速四〇キロというのはしょせん短距離走に限っての話で，サラブレッドやチーターの走り，あるいは映画『ジュラシック・パーク』でおなじみのヴェロキラプトルの敏捷さは望むべくもない。

②　しかし，今から六五五〇万年前に起きた大量絶滅の惨事を，死滅した大型恐竜を尻目に，ワニは生き延びた。その大量絶滅は，ユカタン半島に落下した巨大な隕石が引き金になったと考えられている。大量の粉塵を巻き上げ，それが地球を覆って太陽光線を遮り，植物の光合成を阻害すると同時に気温の低下を招いたというシナリオである。

③　ワニのほかにも，カメ，トカゲ，ヘビなどの爬虫類はその災厄を生き延びた。その理由はよくわからない。大型化し恒温（温血）動物となっていた恐竜は，食物不足と低温に耐えられなかったのかもしれない。一方，変温動物のままだった爬虫類は，冬眠状態に入ることで乗り切れたのだろうか。羽毛という保温材を獲得することで鳥類に変身した小型恐竜も冬の時代を乗り切った。

（渡辺政隆『ダーウィンの夢』光文社）

問1　第二段落（②）の内容として最も適当なものはどれですか。　　　21

1.　ワニの身体能力
2.　大量絶滅した動物としなかった動物の違い
3.　大量絶滅を生き延びた動物と，その理由
4.　大量絶滅が起きた原因と，その時のワニの状態

問2　この文章の内容とあっているものはどれですか。　　　22

1.　哺乳類は，大量絶滅には至らなかった。
2.　爬虫類は，恒温動物であることで生き延びることができた。
3.　恐竜は，すべての種類が絶滅した。
4.　爬虫類が絶滅しなかった理由は不明である。

17　次の文章を読んで後の問いに答えなさい。

　供給が需要を上回る経済では，市場に向けて諸活動を組織しないと商品を売りさばくことはできない。市場に向けての諸活動の組織化は，「マーケティング」あるいは「市場戦略」という名で呼ばれてきた。マーケティングという組織的な活動が世の中に普及しはじめたのが，約半世紀前，一九五〇年代のこと。マーケティング・コンセプトとしてもてはやされた。₍₁₎そのコンセプトは，端的に言うと，「作ったものを売るのではなく，売れるものを作る」というところにある。その活動の中軸に位置する活動として，商品が販売される市場の調査分析がある。

　市場調査では，消費者のニーズや競争相手の商品をきめ細かく調べ分析し，問題商品の STP を定める。STP とは，Segmentation, Targeting, Positioning の頭文字をとったものである。そのまま英語読みすることが多いが，日本語に訳せば，「市場細分化」「市場での目標設定」「市場での位置取り」ということになる。

　市場細分化とは，市場の消費者を，男女別とか，年齢別とか，所得水準別とかいろいろの基準を用いて分割することである。市場は一様ではなく，同じ商品でもニーズはその人のバックグラウンド（性別，年齢，所得等）が違えば異なっている。たとえば，自動車が欲しいと言っても，細分化された市場ごとにニーズは異なっている。その異なったニーズに対応すべく，自動車メーカーは₍₂₎軽自動車から大型セダンや RV やスポーツカーまで揃えてきた。

　一つの市場が消費者のニーズに従っていくつかの細分市場に分けられるとして，その中からその企業に合った細分市場を選び出すのが次の「目標市場の設定」である。たとえば，昔で言えば団塊の世代，少し下って団塊ジュニアという世代の消費者層がよく注目を浴びた。彼らは，他の世代とは異なる独特の価値観や消費行動をもっているため，ビジネスのターゲットとして狙いやすいのだろう。

　…（略）…

　ターゲット市場が決まれば，次はその市場での位置取りである。「二五歳前後の都会に住む OL」を狙うのは悪くないが，狙っているのはわが社だけではない。業界のいろいろな会社が同じように狙っている場合が多い。そこで，それらライバルと少し狙い所を変える工夫が必要になる。現在は，技術的・品質的に圧倒的な差をつけるの

は難しいので，狙い所を変えるのはとくに重要だ。

（石井淳蔵『ビジネス・インサイト』岩波書店）

問1　下線部（1）「そのコンセプト」とはどのようなものですか。　　　23

1. 消費者の欲しいものを作り，売るというもの。
2. 品質の高いものを作るというもの。
3. たくさんのものを作って売るというもの。
4. 利益の高い商品を考え，売るというもの。

問2　下線部（2）「軽自動車から大型セダンやRVやスポーツカーまで揃えてきた」
のはなぜですか。　　　24

1. 商品の品質を向上させるため。
2. もっともその会社に合った商品作りを定めるため。
3. 売れるもののデータを探すため。
4. 消費者の欲しいものや好みに対応するため。

問3　本文で，企業が行う「マーケティング」についてどのように述べていますか。
　　　25

1. それぞれのマーケットの中でさらに他社との差異化をはかる。
2. 商品を作る際に，技術と商品の質を他社と戦わせる。
3. 時代の流行をつかむためには，細かい調査を行わなければならない。
4. 多くの会社が行うため，供給が過度になり，問題がある。

第⑥回

（制限時間：70分）

記述問題・説明

　記述問題は，二つのテーマのうち，<u>どちらか一つを選んで</u>，記述の解答用紙に書いてください（テーマ番号を書く必要はありません）。

　文章は横書きで書いてください。

　解答用紙の裏（何も印刷されていない面）には，何も書かないでください。

記述問題

　以下の二つのテーマのうち，どちらか一つを選んで 400 ～ 500 字程度で書いてください（句読点を含む）。

① 　日本では，2020 年から小学校で英語が必修科目になりました。しかし，小学校の英語が必修化には，良い点がある一方で，問題となる点もあるようです。小学校の英語必修化について，良い点と問題点の両方に触れながら，あなたの考えを述べなさい。

② 　近年，科学技術の進歩により，多くの産業でロボットの活用が広がっています。しかし，ロボットの活用拡大には，良い点がある一方で，問題となる点もあるようです。ロボットの活用拡大について，良い点と問題点の両方に触れながら，あなたの考えを述べなさい。

読解問題・説明

　読解問題は，問題冊子に書かれていることを読んで答えてください。

　選択肢 1，2，3，4 の中から答えを一つだけ選び，読解の回答欄にマークしてください。

1　下線部「ギャップ」の利点として，最も適当なものはどれですか。　　1

　　大企業は過疎地になかなか入ってこれないと思います。ひとつひとつの問題が非常に小さいからです。過疎地でビジネスをするとき有望なのは，むしろ小回りが利く中小企業のほうなのです。

　　例えば，全国的にインフラの老朽化が問題になっています。チェックすべき箇所が多すぎて，人手では追いつかない。そこでサイファー＊は美波町の委託を受けて，ガードレールやカーブミラーなどの管理がタブレット上でできるサービスを始めています。…（略）…

　　こうしたものは小さな仕事で，大企業がわざわざ受注する規模ではありません。彼らが参入するとしたら，例えば美波町役場の基幹システムをすべて入れ替えるとか，それぐらいのレベルでないと難しいのです。

　　…（略）…

　　人口が減っても，最後の一人になるまで最小限の社会インフラは維持する必要がある。求められる社会サービスが徐々に減るのに対して，それを支える担い手のほうは急激に減る。その<u>ギャップ</u>にビジネスチャンスがあるのです。

（吉田基晴『本社は田舎に限る』講談社）

＊サイファー：企業名

1．　人口が減ると，社会サービスを提供する町の負担が減る。
2．　大企業と中小企業が役割分担すれば過疎地にビジネスチャンスが見出せる。
3．　社会インフラを維持する必要から新しい仕事が生まれる。
4．　中小企業が小さい仕事に専念するため，大企業は大規模の仕事ができる。

2　次のお知らせの内容と合っているものはどれですか。　　　　　2

基礎が学べる！「レポート・論文作成」講座

レポートを書くための基礎を身につけられる特別講座です。文章を書くことが苦手なみなさん，論文の書き方に悩んでいるみなさんは，ぜひご参加ください。ワードの使い方から，参考文献の扱い方まで，必要なことが全て学べる講座です。全学部・全学年対象で，自分の必要なテーマの回のみの参加でもかまいません。定員は各日15名，席に余裕があれば当日参加も可能です。

12/16(水)	レポート・論文の構成の仕方
12/22(火)	ワード操作方法 ※1
12/23(水)	アイディアから論文への拡張法
1/12(火)	情報収集法 ※1
1/15(金)	参考文献の表記方法 ※2

※1…自分の PC を用意してください
※2…教科書『大学生のための論文の書き方』(山田太郎 / 丸々出版) を用意してください
時間：16:00~16:50（50分）※パソコンを使う回のみ 17:00 まで
場所：小ホール C
申し込み・問い合わせ：大学サポートデスク (support@daigaku.com) まで
　　　　　　　　　→氏名・学科・学年・学籍番号・参加希望日を明記

1.　座席が残っている場合，予約がなくても受講できる。
2.　毎回，教科書を持参していかなければならない。
3.　研究生のみ当該講座に出席できる。
4.　12 月 22 日の回のみ通常より 10 分長い。

3　下線部「苦しんでいた」の理由として，最も適当なものはどれですか。　　　3

　場所を選ばずインターネットにつながることのできる環境は，私たちがそれまでテレビや新聞に触れていた時間を，確実にネットにシフトさせています。…（略）…ユーザーが増え，接触時間も増え，さまざまなビジネスに影響を与えるネットメディア企業。

　…（略）…しかし，そんなネットメディアのトップたちに話を聞いてみて驚きました。彼らもまた現状に悩み，苦しんでいたのです。

　インターネットの登場によって，メディアは一方通行的に情報を発信するだけの存在ではなくなりました。共感や交流，集合知形成を担う存在に発展しています。

　ただし，その発展には情報信頼性が不可欠です。もし，それが欠ければ，グローバルレベルでの社会混乱を引き起こす可能性さえ否定できません。

（長澤秀行『メディアの苦悩』光文社新書）

1.　万が一信頼性のない情報が流れると巨大な社会混乱につながるから。

2.　ユーザーを奪われたとテレビや新聞に非難されているから。

3.　一方向的に情報を伝えるだけでよかった昔に戻りたいから。

4.　既存のメディアとの共感や交流が不可欠になってくるから。

4　筆者は，患者はどんな心がけを持てば良いと述べていますか。　　　　4

　　心がけが良い患者さんのほうが治る可能性は高くなり，そうではない患者さんは可能性が低くなります。

　　それでは，一体どのような心がけが大切なのでしょうか。

　　たとえば病気によって障害が出たような場合，どのくらい回復させられるか，というのは，患者さん自身が「回復したい」という意思を持っているかどうか，ということが何よりも大切なのです。

　　いくら良い先生のもとで治療を受けることができても，患者さんに「良くなりたい」という気持ちがあるかどうかで結果は変わります。極端に言えば，患者さんが「治したい」と思わなければ，そこで全てが終わってしまう可能性もあります。

　　そして，その医師を信頼しているか，という点も重要です。「担当の医師を信じることができない」「医師に任せる気持ちになれない」という場合には，治療もうまく行きません。

　　患者さん本人が「病気を治したい」と本気で思い，かつ医師を信頼しているということが決め手になるのです。したがって，「任せる気持ち」になれる病院・医師を選ぶことが，「心がけ」の第一歩です。

（酒向正春『患者の心がけ』光文社新書）

1.　患者が医師を信頼できなくも治りたいという気持ちを持つこと。
2.　患者が自分の病気について，どのくらい治るか予測すること。
3.　患者に回復したい意思がなくても医師が治してくれると信じること。
4.　患者が治したい気持ちと，医師を信頼する気持ちを共に持つこと。

5　筆者は，色は混ぜることでどう変化すると述べていますか。　　5

　色彩の，すべての色を混ぜると何色になるでしょう。絵具の色を混ぜてみると，どんどん暗い色になっていきます。そして最後には黒になります。

　では絵具という物質ではなく，すべての「色」を混ぜると黒になる，ということになるのでしょうか。色は，絵具だけにあるのではありません。光にも色があります。光の色は，絵具の色と違って，混ぜると明るくなっていきます。つまり，すべての光の色を混ぜると，無色透明な光になるのです。…（略）…つまり白と黒というのは，色の中でも「極限の色」ということができます。この白と黒が，遠近法の効果でいうと，白が手前に，黒が奥に見える，ということになるわけです。

　では四原色による色彩の遠近法と，白と黒では，遠近法の効果は，どういう順序になるでしょう。四色に加えて二ですので，六つの色の色彩の遠近法です。これは，白が赤よりも手前に，黒が青よりも奥に見える，ということになります。

（布施英利『遠近法がわかれば絵画がわかる』光文社新書）

1.　絵具のすべての色を混ぜると黒になる。
2.　光の色を混ぜると透明になり，青よりも奥に見える。
3.　絵具でも光でも，色をすべて混ぜると黒か白になる。
4.　絵具の色を混ぜると黒になり，赤よりも手前に見える。

6　次の文章は，3D の FAX について書かれたものです。この 3DFAX の内容として合っているものはどれですか。　　　　　　　　　　　　　　　　　　　　　6

　「3D の FAX」とは，たとえば子供が学校でつくってきた粘土の像を，手元で 3D スキャンして，それを実家のお祖母さんにデータで送れば，お祖母さんの手元で 3D プリントして，同じカタチをちゃぶ台の上でも出力することができる――そうした方法でモノを別の場所に送り届けられるような技術です。

　…（略）…

　私はこうした「ネットワークものづくり」の研究を，15 年以上実践を通して進めてきました。普段は完全に研究に没頭していますが，ときどきふと冷静になって考えてみれば，いまこそが，かつて SF（サイエンス・フィクション）として描かれていた未来技術が実際に使えるものになりはじめている初源の状態ではないかと思えて，ワクワクする気持ちを止めることができなくなります。

　…（略）…

　画面の上の「文字情報（デジタルデータ）」のみをやりとりする現在の情報社会を超えた，「物質データ」をもやりとりするネットワーク社会の次のフェーズが，いま目前に迫っているのです。

（田中浩也『SF を実現する』講談社）

1．SD の FAX は物を別の場所に送る新しい郵送技術だ。
2．SD の FAX は文字情報と物質情報の中間に位置する。
3．SD の FAX は SF の中の装置を実現化したようなものだ。
4．SD の FAX は子供もお祖母さんも簡単に使える道具だ。

7　筆者は，菌類の名称についてどう述べていますか。　　　　　　　　$\boxed{7}$

　　菌類は植物のように光合成によって炭素化合物を作ることができないので，土や落ち葉，材木などの中に潜り込んで菌糸を広げ，栄養をとってひそやかに生きている。温度が上下したり，雨が降ったりすると，菌糸にためた栄養物を使って子実体という繁殖器官を地上に出し，膨大な数の胞子をつくって飛ばす。この子実体のことをキノコ，また，それを作る菌の仲間をキノコと言いならわしているので，話がときどきややこしくなる。…（略）…

　　キノコは，もちろん木の子供という意味である。いつからそう言いだしたのか，はっきりしないが，古くは「タケ」または「クサビラ」といい，漢字では「茸」と書いていた。耳の字を使うのは，その昔日本に多かったヒラタケなどが，耳たぶに似ているからともいうが，詳しいことはわからない。…（略）…

　　菌類のことを英語でファンジャイまたはファンガスという。『オックスフォード英語辞典』によると，これはスポンジをさすスフォンゴスがなまった言葉だそうだ。地中海に多いスポンジ（海綿）は無脊椎動物だが，表面に凹凸があって黒く，形も大きな黒トリュフに似ている。この皮をむいて＊垢擦りや＊＊タワシとして使っていたので，スポンジからトリュフを連想したのだろう。

（小川眞『キノコの教え』岩波新書）

＊垢擦：ナイロン繊維やブラシなどで皮膚表面をこすり，角質に汗や皮脂などが混ざった老廃物をそぎ落とす行為。

＊＊タワシ：ブラシ

1. 子実体の「子」と、「木の子供」の「子」の共通点から、子実体はキノコと呼ばれる。

2. 菌類が英語でスフォンゴスというのは、表面の凹凸などがスポンジと似ているからだ。

3. 菌類の英語の語源は、タワシや脊椎動物のスポンジから来ている。

4. キノコに「茸」の漢字が当てられたのは耳たぶと似ているから、というのは推測である。

8　次の文章で，恐竜絶滅の原因の説について最も適当なものはどれですか。　　　8

　　なぜ恐竜は絶滅したのか。この問いは 20 世紀の科学界において，長いこと大きな謎でした。その原因としては，恐竜が花粉症になったという説から，新しく出現した哺乳類との競争に負けたという説，ただ単に体が巨大になりすぎたという説まで，いくつもの仮説・珍説が大真面目に議論されてきました。そんな中，白亜紀の終わりに直径 10 キロの隕石が地球に衝突して，これが恐竜絶滅の原因になったのではないかという，今日よく人口に膾炙する仮説を出したのが，ノーベル物理学賞受賞者のルイ・アルバレスでした。

　　その仮説とは「隕石の衝突によって大量の粉塵が空高く舞い上がり，これが地球の大気をすっぽり覆って太陽光を遮断したために地球の気温が下がり，やがて進化の系統樹の枝を丸ごとポッキリ折るようにして恐竜を絶滅に追いやった」というものです。

　　…（略）…

　　もちろん，多くの古生物学者は，長い地球の歴史の中で多くの小惑星や隕石が地球に衝突していたことを知っていました。ではなぜ，彼らは恐竜絶滅の原因として，隕石説を提案しなかったのでしょうか？　一言で言えば「この二つを結びつけることなど，考えたこともなかった」ということです。

　　　　　　　　　　　　　　（山口周『世界でもっともイノベーティブな組織の作り方』光文社新書）

1.　恐竜が花粉症になったという仮説がかつては最も有力だった。
2.　隕石説は広く受けいれられているが，真の原因としては確定していない。
3.　古生物学者は物理学に詳しくないため隕石説が思いつかなかった。
4.　太陽光遮断が恐竜絶滅の直接的原因なので「隕石説」の名称はおかしい。

9　下線部「面白いこと」とはどういう意味ですか。　　　　　　　　9

コンビニで，「お弁当とウーロン茶」や「缶ビールとおでん」を一緒に買う人は多いが，「ストッキングと殺虫剤」や「週刊誌とマヨネーズ」を一緒に買う人は多くはない。…（略）…

こんな観察は誰にでもできる。現実に，商品購買のデータは，日々，POS（販売時点情報管理）システムで集められている。顧客一人一人のカゴの中身を考えれば何ともない話だが，この商品の共通購買関係から巨大なネットワークを作ってみると，突然，面白いことが浮かび上がる。

コンビニの棚に陳列されているすべての商品の組み合わせについて，実際に，お客様が一緒に買っていく商品の組み合わせを記録，蓄積する。すると当然，先のような売れ筋の組み合わせと，発生しにくい組み合わせが見えてくる。

…（略）…

地域ごと，店舗ごと，あるいは顧客の年代層に固有の商品共通購買パターンもはじき出せる。そして共通購買関係は優れたマーケティングデータとなる。売れ筋商品の組み合わせ，何と何をそばに陳列し，一緒に置けば売り上げが伸びるかを予測できる。車種の買い替えだろうが，ブランドスイッチだろうが，関係データにすればいくらでも分析ができ新しいことが見えてくる。

（安田雪『「つながり」を突き止めろ』光文社新書）

1.　新聞とコーヒーがよく売れること
2.　コンビニ間のネットワーク
3.　複数の商品の購買傾向
4.　商品購買関係の情報

10　次の文章の内容と合っているものはどれですか。　　　　　10

　日本の真の三権は，立法権は内閣法制局，行政権は財務省主計局，司法権は検察庁である…（略）…そして，司法権こそ国民の生活に最も密着した権力なのである。
　…（略）…
　検察は正義を実現する組織だ。善悪が価値観だ。そもそも社会は経済活動で出来上がっている。損得で動く。その中で許せない悪をえぐりだし，裁判にかける。ただし，あらゆる悪を摘発しては，社会は動かない。…（略）…かといって，＊「お目こぼし」は巨悪を眠らせる。
　検察は宿命的に，どこまでも矛盾の存在なのだ。この意味で，大きな正義を実現できないのはやむを得ない。
　だからこそ，小さな正義をかなぐり捨てて，何の存在価値があろうや。個々の事件と向き合うことこそが，小さな正義である。

（倉山満『検証　検察庁の近現代史』光文社新書）

＊お目こぼし：わざと見逃すこと

1.　検察庁はどの悪を摘発するべきなのか，常に矛盾を抱えている。
2.　検察庁は国民のためではなく内閣のために仕事をしている。
3.　検察庁は小さな正義はともかく，大きな正義を捨てるべきではない。
4.　検察庁は自らの損得でどの悪を摘発するかを決めている。

このページには問題はありません。

次のページに進んでください。

11　次の文章を読んで後の問いに答えなさい。

　すぐれた小説を読む時，われわれは，よくもまあこのような的確で美しい表現が可能になったものだ，あるいはまた，人間の奥深い真理を巧みに表現することができたものだ，といった感銘に深く胸を打たれる。

　おそらくこうした感銘には，相反する二つの思いが含まれているのではないだろうか。一つは，日頃自分だけの中にあると思っていた感じ方が，実は誰もが分かち持っている真理でもあったのだ，という普遍性への開眼であり，もう一つは，他では到底味わうことのできない，未知の世界に立ち会うことができたという，一回的な出会いの喜びである。

　特殊と普遍の弁証法，とでも言ったらよいのだろうか。特殊なもの（一回的なもの）でありながら普遍的なもの（誰にも通じるもの）でもあり，普遍的なものでありながらも特殊なものである，というこの二重の感覚に揺さぶられることによって，われわれ読者の感動はより奥深いものに増幅していくのだろう。

　<u>この問題</u>はおそらく文学を評論し，研究する立場とも別ではない。あるものの特色は，それがいかに特殊であるかを声高に言い立てても，実はあまり説得力を持たない。普遍性を前提にするからこそ，一方でその個別性，特殊性もまた際立ってくるのである。一見オリジナルに見える表現も，長い表現史の展開に照らして検討してみると，やはり何か理由があって，出るべくして出てきたものなのだ。と同時に，こうした必然性を持つからこそ，「それにしてもやはり……」という形で，偶然性，一回性が感動をもって実感されてくるのである。

（安藤宏『「私」をつくる―近代小説の試み』岩波書店）

問1　下線部「この問題」が指している内容はどれですか。　　　11

1. 弁証法に出会いの喜びがあること
2. 特殊を感じるとき普遍が感じられなくなること
3. 偶然性と一回性の二重の感覚にゆさぶられること
4. 特殊と普遍の重なりに感動すること

問2　小説への感動について，この文章の内容と合っているものはどれですか。　12

1. 美しい表現がなければ，小説を読んでも感動することはない。
2. 小説を読んで感銘するときは必ず心に相反する思いがある。
3. 感動において小説を読む立場と文学研究の立場には共通点がある。
4. 特殊と普遍の弁証法を意識していると，より感動しやすくなる。

12　次の文章を読んで後の問いに答えなさい。

　誰にでも思い当たるはずの「ある場面」を思い浮かべてみてください。駅の階段でつい足を踏み外して転んでしまった。即座に片手をついたので，そう重傷に至るような転び方ではなかった。でも，地面についた右手に汚れがある，ズボンの右ひざあたりも汚れたし，ズキンと痛みも走る。

　もしここでまわりに誰もいなければ，あなたは間違いなく「アイタタッ」と小声を漏らして顔をしかめ，手やひざの埃を払い，洋服の生地が破けていないか，足は大丈夫かと，ひと通り点検することでしょう。

　でも，もしもそこに数人の通行人がいたらどうでしょうか？　あなたはきっとサッと立ち上がり，顔色ひとつ変えずにスタスタと，まるで何事もなかったかのように歩き出すに違いありません。私だってそうするでしょう。

　このように，日常の通勤途上から挨拶や買い物まですべてにおいて，一人でも自分の目の前に誰かがいる限り，「何らかの意図を持って，自分を表現している」のが，私たちの真実です。なぜなら人には皆，自分を大切だと思う「自己愛」があり，自己愛なしには生きられないからです。

（佐藤綾子『非言語表現の威力』講談社）

問1　下線部「そう」の内容として，最も適当なものはどれですか。　13

1.　転んだとき，通行人がいなかったら，顔色を変えずに歩き出す。
2.　転んだとき，通行人がいなくても，洋服や足を点検しない。
3.　転んだとき，通行人がいたら，痛いと小声を漏らす。
4.　転んだとき，通行人がいたら，痛くても平然と歩き出す。

問2　この文章では，自己愛はどのように自己表現をすると述べていますか。　14

1.　自己表現として自分の服や体を大切にする。
2.　他者からかっこ悪いと思われないような自分を演出する。
3.　他者に心配をかけないよう自分の痛みを我慢する。
4.　他者がいるときしか自己表現しない。

13　次の文章を読んで後の問いに答えなさい。

　国政選挙はまだかろうじて５割を保っていますが，地方の知事選，市長選などでは，投票率が25％前後にとどまる例も珍しくなくなってきました。この数値だと，有権者の４人に１人程度しか，自分たちの自治体のリーダーを選ぼうとしていない計算になります。こうした状況下で候補者が３人，４人と出ていた場合，当選に必要な票数はとても少なくなります。全有権者のうち１割程度の票をおさえれば勝てる，などという選挙も実際に行われているのです。

　選挙に関わる人間として，こうした投票率の低さを憂う一方で，選挙に無関心な方，あるいは少なからず嫌悪感のある方の想いも，現場にいると感じざるを得ません。強い意志を持って選挙を拒絶している方は別として，ごく一般の，「なんとなく選挙にいかない」方の気持ちはだいたいこのようなものだと思うのです。

　だって投票したい人なんていないし。

　わざわざ投票所にいくのもめんどくさいし。

　…（略）…

　そして，こうした想いの方たちに向かって，政治や選挙に対する意識・関心の高い人たち，特に政治家は盛んにこう呼びかけます。

　お願いします，もっと政治に関心を持ってください。

　あなたの一票が社会を変えるんです。

　…（略）…

　このやりとりは果たして噛み合っているのでしょうか。

　選挙に関心の持てない人たちの「だるさ」に対して，政治意識の高い人たちのこの“啓蒙”は届くのでしょうか？

　選挙プランナーという仕事をしていて常々感じるのは，こうした「有権者の無関心vs.政治家（と，きわめて政治に関心の高い人たち）の焦り」の間には大きく深い溝があるということです。

（松田馨『残念な政治家を選ばない技術　「選挙リテラシー」入門』光文社新書）

問1　この文章で筆者は，地方の知事選，市長選などの投票率が低い理由は何だと述べていますか。　　　　　　　　　　　　　　　　　　　　　　　　15

1.　自治体のリーダーは自分以外の誰かが決めればいいと思うから。
2.　地方の選挙は国政選挙よりもそれほど重要ではないから。
3.　選挙に関心がないとか選挙が嫌いという人が多いから。
4.　仕事や生活に忙しいのに，投票所が近くにないから。

問2　選挙について，この文章の内容と合っているものはどれですか。　　　　16

1.　政治家が有権者への啓蒙活動を強化しても逆効果だ。
2.　有権者と政治家の政治意識が違うから，双方の気持ちが噛み合わないままだ。
3.　少ない票数で当選できてしまう制度を変えたほうがよい。
4.　選挙を頑として拒絶する人には，政治への関心を呼び掛けても無駄だ。

14　次の文章を読んで後の問いに答えなさい。

　一般的に，日々の生活に追われる人々は，スケールの大きい話が苦手です。例えば，典型的なマルチ商法の勧誘の手口は，「今のままで幸せ？」「あなたの人生の目的って何？」という大きな人生観，大きな幸福感を最初の口実として語りかけるものです。最近，この手のビジネスはツイッターを使って拡散することも多いらしく，「夢」「不労所得」「起業」「内定」などのキーワードに敏感に反応してしまう人は後を絶たないようです。

　裏を返せば，実生活ではそういったキーワードとは無縁な人で，現状に不満を抱えている人ほどこういった商法に引っかかりやすいのではないでしょうか。これは，設計主義的な思想に染まって，革命で一発逆転を考えている人と同じ精神構造です。

　革命を企む地下組織が工作員をリクルートする手口と，マルチ商法の勧誘の手口は酷似しています。基本的な流れは，現状に対する不安，不満に共感し，このままいくと大変なことになると恐怖を煽りつつ，その恐怖から逃れる手立てとして，思想や商品や会員権といった具体的なソリューションを提示するという手法です。

（上念司『歴史から考える日本の危機管理は　ここが甘い』光文社新書）

問1　下線部「この手」とは何を指していますか。　　　　　　17

1.　人生観や幸福感に訴えかける方法
2.　毎日の生活が忙しい人
3.　人生の目的がわからない人
4.　働かないでお金を稼ぐ方法

問2　筆者は，マルチ商法に引っかかる原因についてどう述べていますか。　　18

1.　人生の一発逆転に関心がないから。
2.　仕事や生活に満足していないから。
3.　社会に対して革命を起こしたいから。
4.　不安や恐怖と向き合いたいから。

15　次の文章を読んで後の問いに答えなさい。

　自己愛というものはいまひとつ摑（つか）みどころがなく，またこの言葉に対する反応も一定せず，人それぞれといった傾向が強いように思われる。整理が必要だろう。本来，自己愛という言葉はどのように定義されるべきなのだろうか。きわめて人間臭く，しかも根源的な要素に違いなく，ならばさまざまな側面が自己愛には備わっていることになる。そうでなければ人間はもっと単純で薄っぺらで退屈な存在でしかあるまい。

　たとえば誇りを持ち自分自身を認める，自信を抱くことを通して意欲を高める。そのような要素がなければ我々は＊溌溂（はつらつ）として生きていけないだろうし，そうやって自分を唯一無二の存在だと認識しなければ，他人を尊重することも難しくなるだろう。経験や実績に根差した自尊心は，頼もしさや魅力を醸し出す。自己愛のプラス面として，《自己肯定》といった側面が挙げられよう。

　しかし，《思い上がり》とでも称すべき側面もある。尊大で自己中心的，選民意識や特権意識に彩られ，共感を欠きそれゆえ他人をないがしろにしたり利用したりすることを平然と行う。他人の心の痛みなど，まったく意に介さない。目立ちたがり屋で，傲慢さが血液のように全身を隅々まで循環している。そのように身勝手な王様気分が《思い上がり》である。

　さらには自画自賛や自己陶酔，自分に都合の良い思い込み，空回り，といった《独りよがり》の側面もあり，すると周囲はその人物に辟易したり（　Ａ　）物笑いの種にすることになる。

（春日武彦『自己愛な人たち』講談社）

＊溌溂（はつらつ）：生き生きとして元気のよいさま

問1　（　Ａ　）に入るものとして，最も適当なものはどれですか。　19

1．頼りにしたり

2．思い込みで行動したり

3．呆れたり

4．元気づけられたり

問2　自己愛のプラス面について述べているもので，適当なものはどれですか。　20

1．自分の力に酔い，王様のような高揚した気分を味わえる。

2．特権的な立場になることができる。

3．自分を大切に思うことが他人を尊重することにもつながる。

4．人間の中にある根源的な感情である。

16　次の文章を読んで後の問いに答えなさい。

　私は日々，火山のフィールドワークをしながら，噴火のもつエネルギーの凄（すさ）まじさにいつも驚かされてきた。世界の火山をめぐって研究をつづけながら，「火山は偉大である。そして美しい」と常々感じていたのである。

　…（略）…

　日本は世界有数の火山国であり，噴火は多くの人の尊い命を奪ってきた。火山災害は周囲に住む人々の生活に甚大（じんだい）な影響を与える。しかし，火山の噴火を止めることはもちろんできない。

　為（な）す術（すべ）のない現象であるにもかかわらず，それでも人を救いたいと願ったとき，「減災（げんさい）」という言葉が生まれる。火山学者は，完全には防ぐことができない被害を最小限にとどめるという考えに基づいて，「減災」という言葉を使いはじめたのだ。今では国際的にも頻繁に用いられている。

　…（略）…

　猛威をふるう自然に対して，人の知力をフルに使って果敢に対処するのが，噴火予知に基づいた減災である。成功と失敗をくり返しながらも，減災を着実に根付かせた結果，噴火予知は実用段階にあると言われるまでになった。

　…（略）…

　災害を軽減するためには，啓発活動がたいへん重要である。近年，理系の分野では「アウトリーチ」ということが大きな課題と考えられている。アウトリーチ（outreach）とは，一般の人に専門家が手を差しのべて（reach out）必要な情報を伝えることをいう。たとえば，市民に火山学の専門家が減災にかかわる情報を知らせること，である。実は，噴火のメカニズムを市民に知ってもらうことは，火山災害を減らすために最も大切な手段の一つなのである。

（鎌田浩毅『火山噴火：予知と減災を考える』岩波書店）

問1　火山研究の成果として，最も適当なものはどれですか。　　21

1.　噴火の偉大さを人々に伝えた。
2.　減災という考え方を作り出した。
3.　噴火予知の装置を開発した。
4.　世界と日本の火山の違いを明らかにした。

問2　噴火について市民に啓発活動をする目的として，最も適当なものはどれですか。
　　22

1.　火山による災害を少なくするため
2.　アウトリーチを効果的に行うため
3.　噴火の予測を早急に知らせるため
4.　減災という言葉を普及させるため

17　次の文章を読んで後の問いに答えなさい。

　プラズマテレビも液晶テレビも日本発のイノベーションだが，いずれもアジア新興国との激しい競争の中で競争力を失い苦境に陥った。技術がアジア新興国にまで浸透し平準化するスピードに驚かざるをえないだろう。特に要素部品を市場から購入して組み合わせると一定水準の完成品ができるような市場環境が生まれると，技術と製品が平準化するスピードは急速に高まるのである。

　したがって，日本は（　　A　　）が重要かつ深刻な課題になる。

　そのような問いかけに対しては，将来有望になる産業や技術は一体何だろうかという観点から議論される場合が多い。例えば，日本はこれから超高齢化社会を迎えるのだから医療産業が有望だというのが，この種類の典型的な答えである。あるいは，日本は人工知能技術にもっと投資すべきだというのも有望技術に着目した類似の答えである。

　…（略）…前記の問いかけに対しては，将来の有望な産業や技術への問いかけとは異なる別の観点からの議論もまた必要になる。それは最終完成品，部品，補完財等の産業生態系の位置付けに着目する観点であり，この観点は産業や技術には依存しないはずである。

　　…（略）…

　完成品と補完財は，お互いに足りないものを補いあう関係になっており，両者がそろって初めて価値が高まる。それは一方が売れると他方も売れる関係であり，いわば目的を共有した運命共同体のようなものだ。

　完成品にこだわれば，市場の成長につれて日本にキャッチアップしてくるアジア諸国との直接対決を避けることはできない。それに対して補完財に着目することで，最終製品を作るアジア諸国が台頭すればするほど，補完財の需要が増加するという，いわば共存共栄の構造を作り出すことができる。

　　　　　　　　（柴田友厚『日本のものづくりを支えた　ファナックとインテルの戦略』光文社新書）

問1　（　A　）に入るものとして，最も適当なものはどれですか。　　　　23

1.　未来の新技術を開発すること
2.　どうやって新興国のスピードに追い付くのか
3.　これから一体何を作るのか
4.　いま話題の社会問題や科学技術に対応すること

問2　下線部「運命共同体」とはどういう意味ですか。　　　　24

1.　完成品も補完財も将来の有望産業に影響される。
2.　完成品も補完財もともにアジア諸国で売れる。
3.　完成品と補完財はどちらか一方だけが売れることはない。
4.　完成品を作る新興国は日本に補完財の作成を求める。

問3　この文章で筆者が言いたいことはどれですか。　　　　25

1.　日本は将来有望な産業のほか完成品と補完財についても考慮することが重要だ。
2.　日本は完成品よりも補完財の生産に力を注ぐことが大切だ。
3.　日本が完成品でアジア諸国と対決すれば敗北するだろう。
4.　日本は自国だけを考えずアジア諸国との共同発展を目指すべきだ。

第⑦回

（制限時間：70分）

記述問題・説明

　　記述問題は，二つのテーマのうち，<u>どちらか一つを選んで</u>，記述の解答用紙に書いてください（テーマ番号を書く必要はありません）。

　　文章は横書きで書いてください。

　　解答用紙の裏（何も印刷されていない面）には，何も書かないでください。

記述問題

　以下の二つのテーマのうち，どちらか一つを選んで 400 ～ 500 字程度で書いてください（句読点を含む）。

　①　世界的なコロナ禍に伴い，大学を中心とした授業のオンライン化が進んでいます。オンライン授業には，良い点がある一方で，問題となる点もあるようです。授業のオンライン化について，良い点と問題点の両方に触れながら，あなたの意見を述べなさい。

　②　近年，日本では，働き方が多種多様になり，特に非正規雇用の比率が高まっています。しかし，非正規雇用という労働契約には，良い点がある一方で，問題点もあるようです。非正規雇用という労働契約について，良い点と問題点の両方に触れながら，あなたの意見を述べなさい。

読解問題・説明

　読解問題は，問題冊子に書かれていることを読んで答えてください。

　選択肢 1，2，3，4 の中から答えを一つだけ選び，読解の回答欄にマークしてください。

1　次の文章で，「朝ドラ」に最も必要な要素は何だと述べていますか。　　[1]

　*朝ドラで大事なのは，飛び抜けて面白くすることではない。失敗しないことである。なぜなら，朝ドラとは「習慣視聴」の番組。始まる前から家庭の主婦の朝の習慣に組み込まれており，よほどのことがない限り，彼女たちが視聴をやめることはないからだ。逆に，奇をてらった作品で視聴者が離れたら，それは単に一作品が嫌われただけでなく，「枠」自体から視聴者が離れたことを意味する。それだけは絶対に避けなければならない。

　つまり——朝ドラに求められるのは，「枠」の安定的運用である。工業製品のように，毎年，一定のクオリティのドラマを量産することである。

　事実，…（略）…朝ドラは女優の個々の才能や脚本家の筆力に左右されることなく，一定水準のクオリティの作品を毎年生み出せるようになった。そこに求められるのは，ドラマとしての際立った個性ではない。既にいるお客を逃さないために，「朝ドラ」の世界観を守ることである。

（指南役「『朝ドラ』一人勝ちの法則」光文社新書）

*朝ドラ（朝のドラマ）：1961 年から NHK（日本放送協会）で朝の時間帯に放送されているドラマ。

1.　あまり面白くないこと。
2.　朝，ドラマを見る視聴者を増やすこと。
3.　ドラマ作品をたくさんつくり出すこと。
4.　作品の質を維持すること。

2　次のメールの内容と合っているものはどれですか。　　　　　　　　2

東橋大学図書館アルバイト募集

【募集対象】本学の学部生（4月入学の新一年生を除く）

【募集人数】4名

【期間】前・後期の下記期間いずれも勤務可能なこと

　　　　　・前期 4月5日（木）～8月9日（木）

　　　　　・後期 10月1日（月）～2月18日（月）

【勤務時間】①月～金　17:00~21:30（実働4.5時間）

　　　　　　②月～金　17:15~21:45（実働4.5時間）

　　　　　　③土　　　9:15~17:15（実働7時間）

　　　　　　④土　　　10:00~17:00（実働6時間）

【勤務形態】週3日勤務（①～④の組み合わせ）

【給与】時給1000円

【業務内容】カウンター業務・書架整理業務

【申し込み先】大学図書館貸出返却カウンター

　　　　　　履歴書（写真貼付）を1通提出してください。

【面接日】書類選考後，面接で決定します。

　　　　　2月20日（火），21日（水）のいずれか（日時は相談に応じます）

【応募締め切り】2月15日（木）17:00

【問い合わせ先】図書館貸出返却カウンター（平日9:00~17:00）電話：041-111-2345

1.　二年生はアルバイトの応募資格を持っている。

2.　9月の夏休みには大学図書館でアルバイトできる。

3.　土曜日だけを選んで勤務できる。

4.　履歴書のみで合否が決まる。

3　スポーツ選手について，次の文章の内容と合っているものはどれですか。　　□3

「Act like a winner」

こういう言葉があります。

「勝者のようにふるまえ」——たとえ弱くても，つねに強者のように行動せよ，という意味です。

「強いチームみたいにふるまいましょう」

日本代表にも，いつもそう言ってきました。

「強いチームは，下を向いてダラッと歩かずに，前を向いて，偉そうにかっこよく歩いているじゃないですか」

自分が受け止めていることは行動に表れる——そう言われています。自分たちが強くないと思っていると，どうしてもうつむきがちになります。そうなってしまえば，相手に飲まれ，勝てる試合も勝てなくなってしまいます。

逆に，自分たちに誇りを持って，チームのために全力を尽くしていると実感できれば，前を向いて堂々と歩くことができる。

野村克也さんは現役時代にジャイアンツと戦うとき，ジャイアンツの選手たちが大観衆や大勢の取材陣に囲まれても，平然かつあまりに堂々と自信に満ちあふれているように見え，戦う前から「勝てない」と思ったといいます。

…（略）…

といっても，それまでのラグビー日本代表は勝った経験がほとんどないのですから，いきなり勝者であることを求めるわけにはいきません。そこで，

「まずは行動から変えていきましょう」

そう提案していたのです。

（荒木香織『ラグビー日本代表を変えた「心の鍛え方」』講談社）

1. 弱いチームは，努力によって強くならなければならない。
2. 気持ちや心構えと態度や行動には，深い相関関係がある。
3. 強いチームは力を誇示し，偉そうにふるまう権利がある。
4. 堂々とふるまわないと，試合に勝つことはできない。

4　次の文章の内容と合っているのはどれですか。　　　　　　　　　　　4

　なぜ人はロボットを作ろうとするのか。それは「わたしたちの仕事を代行してくれる，便利な機械を作っているのでは？」という側面もあるのだけれど，むしろわたしにとっては「人の知性に対するあこがれのようなもの，そのつかみどころのないものをかたちにしてみたい」という感じに近い。そうした試みは「認知的なロボティクス（cognitive robotics）」と呼ばれており，その元祖ともいえるロボットがSRIの〈シェイキー〉なのである。

　このロボットの開発は，スプートニク・ショックも冷めやらぬ一九六六年に，国防総省やNASAからの研究資金によって開始された。

（岡田美智男『弱いロボットの思考』講談社）

1．シェイキーは，人間の仕事を代わりにさせるために開発された。

2．ロボット開発は，筆者自身の想いを表現することでもある。

3．認知的なロボティクスという試みには，ロボットの知性は関係しない。

4．開発されているロボットは，人間よりも認知能力にたけている。

5　下線部「初冬の紅葉は穴場ではある」は，どのようなことについて述べたものですか。

5

　季節の中でさまざま移ろいゆくのは，なにも京都だけに限ったものではなく，日本中どこでも同じ。とは言え，京都ならではの風物詩がある。これが行われると季節の到来を感じる，そんな行事も少なくない。

　秋と冬の境は，年を追うごとに曖昧になってきた。二十四節気で言えば，霜降が過ぎ，立冬になれば冬到来となるはずが，実際にはこの時期，ようやく紅葉が追いついてきたといったところ。ちなみに師走に入ってからの紅葉，いささか時期外れの感があるせいか，十一月に比べて，はるかにそれを眺める旅人は少ない。気持ちさえ合わせることができれば，初冬の紅葉は穴場ではある。

(柏井壽『京都　冬のぬくもり』光文社新書)

1.　京都で有名な行事が行われるということ。
2.　冬の雰囲気がどの季節よりも良いということ。
3.　12月は混雑せずに紅葉を楽しめるということ。
4.　12月に入ると，紅葉を見る気がなくなるということ。

6　次の文章で筆者が最も言いたいことは何ですか。　　　　　　　　6

　どれほど大変な日常での生活の中にあっても，ささやかな幸福を感じること以外の幸福はないと私は思う。そのように思うことをためらわせるものがあるとすれば，個人の幸福よりも共同体を優先しなければならないという考えになるだろう。この共同体の意味については後に見るように，家族，さらに広くは国家も共同体だが，最小の単位は「私」と「あなた」なので，…（略）…自分自身の幸福を親子関係よりも優先してはいけないのではないかとためらう人がいるということになる。

　子育てや介護では，学校に行っていない子どもや介護を要する老いた親をさしおいて，私が幸福になっていいのかと思う。だが，この共同体の範囲をどんどんと広げて，他の人が幸福でないのに自分だけが幸福になってはいけないと思うようなことになれば，その他の人は無限にいるので決して幸福にはなれないことになるだろう。

（岸見一郎『幸福の哲学』講談社）

1.　幸せになりたいなら，自分の小さな幸せを見つけることだ。
2.　幸福は，個人より生活している共同体の中にある。
3.　まずは，自分よりも周りの人の幸福を考えるべきである。
4.　幸福は，他人のことを気にせずに生活していることで見つかる。

7　プロセスチーズが「静的」である理由として，最も適当なものはどれですか。　□7

　　ナチュラルチーズは乳酸菌による乳酸発酵後に，加熱殺菌などをしていないチーズです。したがって乳酸菌や酵素がチーズの中で生きていて，時々刻々と風味が変化します。

　　一方，プロセスチーズは，ナチュラルチーズの何種類かを原料として，乳化剤とともに混ぜ合わせ，加熱して溶かし，固めた食品です。したがって乳酸菌は殺菌されて死んでしまい，各種酵素は加熱処理により活性がなくなって（失活）いますので，チーズの風味は固定されます。そのかわり，長期保存が可能になっています。

　　乳酸菌やカビや酵素などの活動のイメージで考えますと，ナチュラルチーズは「動的」な食品で，プロセスチーズは「静的」な食品といえるでしょう。8000年前にまでさかのぼれるチーズの歴史のなかで，プロセスチーズの歴史は非常に新しく，前述のように戦地でも兵士が安定して栄養価の高い食品をとる必要から開発され，普及しました。日本ではプロセスチーズの普及がナチュラルチーズよりも先行したこともあり，小中学校の学校給食でも月に一回以上は出る定番メニューとなっています。

（齋藤忠夫『チーズの科学』講談社）

1.　乳酸菌や酵素の働きが失われているから。
2.　普及が早く，給食の定番メニューとなっているから。
3.　同じ場所での長期保存が可能であるから。
4.　チーズの風味が変化するから。

8　次の文章の（　Ａ　）に入るものとして，最も適当なものはどれですか。　　$\boxed{8}$

　　グローバル化の進展で，海外で活躍する日本人も増えました。勤務の都合で外国に駐在する人，外国に留学する人，活動の拠点を海外に求める人も大勢います。そういう人たちは，国内に住所がないため住民基本台帳に載らないことから，選挙管理委員会の職権によって選挙人名簿に登録されません。そうすると，（　Ａ　），選挙の際に投票ができないことになります。一九九六年一〇月二〇日に実施された衆議院議員総選挙において投票できなかった海外在住の人たちが，選挙権を行使できなかったことは憲法違反だとして訴訟を提起しました。この訴訟の第一審が係争中の一九九八年になって，在外投票制度が設立されました。その対象は，衆議院比例代表選出議員の選挙と参議院比例代表選出議員の選挙にとどまりました。選挙区選挙については行使できないままでした。

（糠塚康江『議会制民主主義の活かし方』岩波書店）

1.　選挙権者であるとともに
2.　選挙権者でありながら
3.　選挙権者にとって
4.　選挙権者になるにつれて

9　次の文章で筆者は，どのようなことが起こっていると述べていますか。　　9

　　近年，学生たちのあいだでは，「年末が近づくと＊憂鬱<ruby>憂鬱<rt>ゆううつ</rt></ruby>になる」という声がよく聞かれる。正月やクリスマスはアルバイト先のかき入れ時で，上下関係に支配された学生が，シフトを断れるはずもない。しかもノルマや自腹購入も命じられる。世間の浮いたイベントは，もはや大多数の学生にとって「苦しいだけ」なのである。

　　あるコンビニチェーン店の元オーナーは，「フリーターに比べ，学生はまじめに働くし言うことを聞く」「だから，なるべく学生を採用したいというのがオーナーたちの本音だと思う」と話してくれた。逆に，「フリーター」の場合には，学生よりも権利意識が強く，低い待遇ではなかなか店長の言う通りに働いてはくれないのだという。

　　そもそも，最低賃金に近い賃金で，「呼ばれたら必ず来い」という働かせ方には無理がある。…（略）…

　　使用者から見ると，学生ならば「上下関係」を利用して残業命令がしやすいということだろう。いわば学生は，使用する側から見ると，もっとも「安くて，従順」，つまり使い勝手のよい労働力なのである。

（今野晴貴『ブラックバイト』岩波書店）

＊憂鬱<ruby>憂鬱<rt>ゆううつ</rt></ruby>：気持ちがふさいで，晴れないこと

1.　フリーターが低い賃金で働かされている。
2.　学生たちは上下関係に従い，命令をしている。
3.　働かせる側が，学生に無理な労働をさせている。
4.　正月やクリスマス後にアルバイトの雇用が減る。

10　次の文章で筆者は，超新星爆発について，どのように述べていますか。　　**10**

　　血沸き肉躍る宇宙の舞台というと，多くの人はスター・ウォーズに代表されるSF
の物語を思い浮かべるだろう。

　　…(略)…

　　しかし本物の宇宙では，帝国軍と反乱軍との死闘がなくても，爆発的な現象は日常
的に起きている。太陽の数倍重い星は，自らの核燃料が尽きると自分の重力を支えき
れなくなり，急速に縮み始める。大きかった星が小さく縮むと，中の物質密度は異常
に高くなり，極限の高密度状態になったときに初めて起きる核融合反応が始まる。

　　核融合反応は膨大なエネルギーを放射する。急速に縮んでいた星がこれ以上縮むこ
とができない臨界密度に達し，収縮がいきなり止まるために衝撃波が起こり，星全体
が吹き飛ばされる。これが超新星爆発である。

　　こうした爆発は，一つの銀河内でざっと30年から100年に一回程度起こっている。

（吉田滋『新宇宙ニュートリノの発見』光文社）

1.　銀河内で爆発が起きることはまれである。

2.　初めに核融合が起こり，星が縮む。

3.　星が縮むことで内部が高温になり，爆発する。

4.　縮む限度を迎えた時に起こる現象で爆発がひきおこされる。

このページには問題はありません。

次のページに進んでください。

11　次の文章を読んで後の問いに答えなさい。

　井の頭公園で忘れてならないのは，この池の水が，江戸の人々に飲み水を供給していた上水，「神田上水」の水源だったことである。この水が上水として利用されるようになったのは，三代将軍家光の晩年から四代家綱の初め頃と言われる。池の最下流部のひょうたん橋の近くに堰があって上水取り入れ口になっていた。ここが神田川の起点であり，石造りの水門が現存する。幕府は井の頭地域を官地として水源付近の山林をみだりに伐採しないように厳重に管理したという。井の頭の水は明治三一年（一八九八）に淀橋浄水場の「改良水道」ができるまでは，江戸に引かれた水道として重要な役目を果たしていた。しかし，その後も役目を終えたわけではなく，第二次世界大戦後まで，池の塘に湧いた水を揚水ポンプで汲みあげて，玉川上水に供給していた。

　明治一五年（一八八二），池畔に水源涵養機能を期待してスギ苗一〇〇〇本が植えられ，その後も植えつづけられた。しかし，昭和一九年（一九四四）に水源林としての樹齢八〇年のスギ一万五〇〇〇本が大量に伐採されてしまった。理由は太平洋戦争で被災した死者の棺桶材として使用するためだったという。じつに悲しい歴史の一断面である。

（福嶋司『東京の森を歩く』講談社）

問1　下線部「重要な役目」とはどのようなものですか。　　　11

1. 周りの山林の水資源であったこと
2. 江戸の人々の飲料水の元であったこと
3. 玉川上水の供給源であったこと
4. 淀橋浄水場の水源としてつかわれていたこと

問2　筆者の述べている内容に最も近いものはどれですか。　　　12

1. 明治時代には，神田上水によって水が供給されていた。
2. 幕府によって，井の頭地域の自然は管理されていた。
3. 池の周りに，棺桶材にするためにスギが植えられた。
4. 将軍の飲み水として神田上水がつくられた。

12　次の文章を読んで後の問いに答えなさい。

「飲食禁止」「携帯電話禁止」「私語禁止」。

してはいけないとたくさんの指示があちらこちらに貼りだされている図書館があります。図書館の案内しおりに「さわがない」「禁帯出の本は持ち出さない」「絶対に返却日を守る」「勝手に本を持ち出さない」「本を失くした，傷つけた場合は弁償！」「又貸し，名義貸しはしない」。

「ブラックリスト」といってマナーやルールを守らない要注意人物の名前が載ると警告しています。ルールを守らない人は立ち入り禁止になってしまうようです。禁止事項はどんどん細かくなっていく傾向があります。

飲み物は各自でマナーを考えて，適宜飲むのはどうですか。他の人に迷惑をかけないよう配慮し，自分たちでルールをつくっていくことが望ましいと思います。

水がこぼれて本が濡れてしまうと困るので，堂々と机の上にペットボトルを置いている場合は，本を棚に返す作業の途中をよそおいながら近づいて「かばんのなかに入れてね」と小さな声でひとこと言うだけでじゅうぶんなのです。

（成田康子『みんなでつくろう学校図書館』岩波書店）

問1　下線部「各自でマナーを考えて」とはどのようなことを指していますか。 13

1.　自分で適切な行動を考え，周りに迷惑をかけないようにすること。

2.　これ以上禁止事項が増えないよう，気をつけていくこと。

3.　図書館の規則に従う方法を考えていくこと。

4.　マナーが守れない人に，注意をすること。

問2　筆者が考える図書館のあり方とはどのようなものですか。 14

1.　ルールのない明るく自由な空間。

2.　禁止事項が守られ，完全に管理されている空間。

3.　要注意人物が入ることのできない，安全な空間。

4.　圧迫感や緊張感のない，秩序が自然に保たれた空間。

13　次の文章を読んで後の問いに答えなさい。

　私たちはよく、「地球上のすべての生命は(1)太陽の恵みで生きている」と考えるが、それは、植物が太陽光を浴びて光合成を行なって生長し、それを草食動物が食べ、草食動物を肉食動物が食べているからだ。

　つまり、食物連鎖の発端は太陽光線であり、草食哺乳類も肉食哺乳類も「形を変えた太陽光」を食べているわけだ。だから、太陽が活動を停止したら「太陽光を食べている」地上の全生命体はただちに絶滅する。

　ところが、太陽が活動停止してもずっと生活できる生物がいる。それが硫黄バクテリアやチューブワームだ。彼らが栄養源としているのは、地球のマグマに含まれる硫黄であり、マグマ活動を生みだす地球の中心核から発せられる熱なのだ。

　だから彼らは、太陽が輝きを止めたとしても、当分の間は平穏無事に暮らしていける。数十億年後には地球の中心核も冷えてしまうが、(2)それまでは安泰な生活だろう。

　チューブワームが成長の糧とする硫化水素は、地球のマグマがもたらしたものだ。

（夏井睦『炭水化物が人類を滅ぼす』光文社新書）

問1　下線部（1）「太陽の恵み」とはどのようなものですか。　15

1.　生命
2.　食物連鎖
3.　地球
4.　太陽の光

問2　下線部（2）「それ」とありますが，どのようなことを指していますか。　16

1.　太陽が光を失った時
2.　地上の全生命体が絶滅した時
3.　地球上の生物が食物連鎖できるとき
4.　地球の中心核が熱を失った時

14　次の文章を読んで後の問いに答えなさい。

　　わたしたちの研究は社会的排除の短期的な効果を検証したもので，現実社会でいじめの被害者が経験する長期的な影響が，これらと同じようになるかまではわかりません。…（略）…デューク大学でおこなわれた縦断的な研究は，いじめの悪影響はかなり長く持続し，おとなになるまでつづくこともありうることを示していました。研究で調査された1,200人以上の子どもや青年のうちおよそ25パーセントが，16歳になるまでに少なくとも一度はいじめを受けたことがあると答えており，いじめられた人はその年齢にしては高い水準の不安障がいを示していました。

　　いじめられると不安が高まる子どもがいるいっぽうで，攻撃的になる子どももいます。ほかの多くの研究からも，いじめられると攻撃性が高まることが報告されていますが，デューク大学の研究でも，いじめられた経験のある人のうち，およそ20パーセントが攻撃的な性格と判定されました。

　　いじめた人といじめられた人が経験するもっとも顕著な影響は，高確率での抑うつ障がい，全般性不安障がい，パニック障がい，自殺などでした。

（川合伸幸『ヒトの本性　なぜ殺し，なぜ助け合うのか』講談社）

問1　下線部「研究」とありますが，その結果として正しいものはどれですか。　17

1.　1000人近くの被験者が，人をいじめた体験を持っている。

2.　被験者の約三分の一は，不安障がいの症状を示した。

3.　被験者の約五分の一は，攻撃的な性格である。

4.　300人以上の被験者は，いじめの被害を受けたことがあった。

問2　この文章で，著者が述べていることとして適切なものはどれですか。　18

1.　いじめられた経験は，不安を強くし，攻撃的な性質を弱くする。

2.　攻撃的な性格は，いじめをする人間にのみみられる。

3.　いじめをした人とされた人の両方が，精神的に悪い影響を受ける。

4.　いじめを受けた人間が，いじめをする側になることはない。

15　次の文章を読んで後の問いに答えなさい。

　収入に恵まれている人ほど，選択可能性が広がって，希望を持ちやすい。さらにお金がある人ほど希望を実現しやすい。事実そうだとしても，いささか身も蓋もない結果です。

　ただ，分析の結果をよくみると，こんなこともわかってきました。収入が多いほうが希望を持ちやすいというのは，ある一定の年収水準までのようです。それを超えたら，収入が増えれば増えるほど，希望がより持ちやすくなるというわけではない。その境目となる年収の水準は，三〇〇万円前後でした。

　たとえば，年収が一三〇万円未満の人と，約六五〇万円の人を比べると，六五〇万円のほうが実現見通しのある希望を持つ確率は高くなっていました。ところが，年収が八〇〇万円以上の人のほうが，年収六五〇万円の人よりも希望を持ちやすいという結果は出てきませんでした。

　だとすれば，みんなが希望を持てる社会に必要なこととは，誰もが三〇〇万円以上の年収を確保できる社会をめざすということになります。年収が三〇〇万円未満の人がたくさんいる一方で，年収数千万円の人も多いという分断社会が進むと，希望を持つ割合は低くなります。それよりは，ほとんどが年収三〇〇万円は超えているという平等社会のほうが，多くが希望を持ちやすい社会のようです。

（玄田有史『希望のつくり方』岩波書店）

問1　筆者は，希望の持てる社会とはどのようなものだと考えていますか。　19

1.　年収には関係なく，すきなことをできる社会。

2.　年収が高い人が多く，希望をかなえやすい社会。

3.　一定の年収水準を超える人が多く，格差も小さい社会。

4.　頑張れば，年収が上がっていく社会。

問2　下線部「こんなこと」の内容として，最も適当なものはどれですか。　20

1.　年収が三〇〇万円以上の人は，それ以上の収入を目指している。

2.　年収が高ければ高いほど，希望を持てる人が増える。

3.　年収が多いことがそのまま希望の持ちやすさに結びつくわけではない。

4.　大多数の希望の収入は，年収三〇〇万円である。

16　次の文章を読んで後の問いに答えなさい。

　葉が緑に見えるのは，葉緑素（クロロフィル）がたくさん葉に含まれているからです。
　…（略）…

　何度も紹介してきた「光合成」をおこなっている器官が，このクロロフィルがたく
さんつめこまれた葉緑体です。クロロフィルは光を吸収すると，そのエネルギーを使っ
て水を分解し，酸素をつくります。また，吸収したエネルギーを別の物質に与え，こ
んどは葉が気孔から吸収した二酸化炭素を使って，ブドウ糖をつくります。

　ブドウ糖は炭素，酸素，水素の三種類の元素でできていて，これらが植物の体にもっ
ともたくさん含まれています。しかし，そのほかにも窒素，リン，カリウム，カルシ
ウムなど十数種類の元素が必要なのです。このうち，窒素，リン，カリウムの三つの
元素は，植物が多量に必要であるにもかかわらず，土の中に少ないため，根からとり
いれることがむずかしく，作物をつくるときには肥料として与える必要があり，肥料
の三要素と呼ばれています。窒素は大気の八〇％をしめているほど，気体としては
大量にあるのですが，植物はこれを直接利用することはできないのです。

　ところで，植物は光合成でつくった糖を窒素と結合させて，タンパク質やクロロフィ
ルなどをつくりだしています。つまり，木が成長するのに必要なクロロフィルをつく
るためには，窒素が欠かせません。

　木は，老化した葉を切り離します。…（略）…そのとき，葉の内部で変化がおこり
ます。窒素をたくさん含むクロロフィルを分解して，葉から枝へと窒素分を回収しな
がら，水分と光合成産物の通り道である維管束を閉じていきます。

　…（略）…

　すると，葉で作られた糖分が残り，内部の糖濃度が上がると，赤や紫の色素である
アントシアンがつくられます。これが紅葉です。

（石井誠治『樹木ハカセになろう』岩波書店）

問1　下線部「変化がおこります」の内容として，最も適当なものはどれですか。 21

1. 糖が窒素と結びついて，必要な要素を生み出す。
2. 葉の窒素が少なくなり，糖の量が濃くなる。
3. 窒素と糖のうち，糖だけが回収され，葉の糖分量が濃くなる。
4. クロロフィルは光のエネルギーを使って酸素を作る。

問2　植物の光合成という働きを説明しているのはどれですか。 22

1. 水と二酸化炭素が，クロロフィルの働きで酸素や糖に変わること。
2. 葉緑体によって，糖と窒素を結びつけること。
3. 葉の内部で赤や紫の色素を作り出すこと。
4. クロロフィルが，陽の光と水から酸素のみ作ること。

17　次の文章を読んで後の問いに答えなさい。

　これまで三〇〇〇人以上の人たちに取材し，中には取材が難しそうな人たちにもたくさんインタビューしてきた実績がある，ということもあるのだと思いますが，どうすれば，うまく取材をすることができるのか，質問を受けることがあります。

　雑誌やネットの取材記事であれば，インタビューは多くが一回限り。時間も多くて二時間。これは一発勝負のところもあって，冒頭から一気呵成に聞き込んでいくことが多いのですが，書籍はそうではありません。

　…（略）…おおむね一〇時間。しかも，四回，五回と顔を合わせることが多い。連続して取材をするわけではありませんから，それこそ最初の取材から，終わりの取材までに一ヵ月，二ヵ月とかかることも珍しくありません。

　となれば，（　Ａ　）のインタビューとはまったく違う姿勢で臨む必要があります。しかも，相手の書籍の取材ですから，じっくりたっぷり語ってもらわないといけない。それがそのまま，一人称の文章になるのです。

　まず大事なことは，著者との信頼関係がしっかり築けるか，ということです。「このブックライターは，自分の仕事をお願いするに足る人物か」，著者なら間違いなく最初は気にすることでしょう。そうであるなら，信頼してもらえるだけの，対応をする必要があるのです。

　<u>こんなこと</u>を書くと驚かれるかもしれませんが，まず大事なのは，挨拶だと私は思っています。きちんと挨拶ができるか。はっきりと自分の名前を言い，自己紹介ができるか。相手の目を見ながら，堂々と話をすることができるか。

　私はたくさんの成功者に取材をしていますが，まずは何より挨拶をきちんとされている，という印象があります。それは，長く成功し続けている人たちにとっては，当たり前の共通項のような気がするのです。

　逆にいえば，そういうところは，しっかりチェックされているということ。しかも，きちんと挨拶をすることは，そんなに難しいことではないし，これだけで印象はまったく変わると思います。

（上阪徹『職業，ブックライター。』講談社）

問1　下線部「こんなこと」の内容として，最も適当なものはどれですか。　　23

1．筆者がこれまで繰り返し述べてきたこと。

2．著者に信頼してもらえるように，行動しなければならないこと。

3．信頼関係を築くには挨拶が重要であること。

4．読者を驚かせるのは申し訳ないこと。

問2　（　A　）に入るものとして適切なものはどれですか。　　24

1．時期尚早

2．泰然自若

3．千思万考

4．一発勝負

問3　この文章で，著者が述べていることとして適切なものはどれですか。　　25

1．インタビューの仕事は，長期間のもののほうが容易である。

2．挨拶が丁寧にできるかできないか，相手はさほど考えていない。

3．挨拶で，自分の印象と信頼感が決まる。

4．信頼してもらうということだけが仕事の対応では重要である。

第⑧回

（制限時間：70分）

記述問題・説明

　記述問題は，二つのテーマのうち，<u>どちらか一つを選んで</u>，記述の解答用紙に書いてください（テーマ番号を書く必要はありません）。

　文章は横書きで書いてください。

　解答用紙の裏（何も印刷されていない面）には，何も書かないでください。

記述問題

　以下の二つのテーマのうち，どちらか一つを選んで400〜500字程度で書いてください（句読点を含む）。

①　リーダーには，「自分の考えでチームをまとめる行動力のある人がふさわしい」という意見があります。一方で，「メンバーの意見を尊重しながらチームをまとめる人がふさわしい」という意見もあります。あるべきリーダーシップについて，両方の意見に触れながら，あなたの意見を述べなさい。

②　観光によって経済が成り立っている国や地域があります。しかし，観光開発には良い点がある一方で，問題となる点もあるようです。観光開発について，良い点と問題点の両方に触れながら，あなたの意見を述べなさい。

読解問題・説明

　読解問題は，問題冊子に書かれていることを読んで答えてください。

　選択肢 1，2，3，4 の中から答えを一つだけ選び，読解の回答欄にマークしてください。

1　次の文章で，筆者が言いたいことはどれですか。　　　　　　　　　1

　社会的報酬とは，周囲から認められたり褒められたりすることを指しますが，大人であれば地位や名声もこれに当たります。子どもなら親や教師，動物であれば飼い主や調教師に褒められることが社会的報酬となります。場合によっては，物理的な報酬よりも大きな価値となります。

　行動とそれに対する報酬との因果関係がわかる，ある一定の知能を持つ生き物であれば，何かをしてその結果報酬が得られると，その行動を繰り返します。

　…（略）…

　何らかの行動に対してそれ相応の報酬があるということは，…（略）…「やる気」を引き出すことができるのです。

（本田真美『医師のつくった「頭のよさ」テスト』光文社新書）

1.　社会的報酬は物理的報酬の繰り返しによって得られる。

2.　報酬をもらえることが意欲の向上につながる。

3.　行動と報酬の因果関係は知能がなくてもわかる。

4.　大人と子供の社会的報酬の内容はほぼ同じだ。

2　次のお知らせの内容と合っているものはどれですか。　　　　　　　　　2

【情報メディア学】レポート課題について

（1）授業でてきたキーワードを3つ選ぶ
（2）その3つのキーワードを使って「情報と社会」について考える
（3）授業の感想を交えながら「ITの社会における役割」を構想して書く

●字数：2000~4000字
●提出形式：レポートのテキストデータ(原則A4タテ)をWordまたはPDF形式にすること。
＊レポート内に顔写真を貼付する
●提出締め切り：8月31日(水)17:00
●提出先：情報メディア学担当助手山田(yamada@daigaku.com)にメールで提出すること。
＊本文冒頭に「氏名・所属・学籍番号」を明記し，メールの件名は「情報メディア学レポート」とする。
＊メールによる提出が困難な場合は，担当助手に手書きでの別途提出も受け付ける。締め切りを1分でも過ぎた場合は，レポートを受理しない。
＊また，文献や他学生のレポートの盗用などが発覚した場合，単位は無効とする。

1.　メールのタイトルに氏名を記入しなければならない。

2.　レポートの提出方法はメールに限定されない。

3.　レポートのデータに加え，顔写真をメールに添付する。

4.　同級生のレポートから文献リストをコピーしても構わない。

3　筆者は，下線部「神経栄養因子」とはどのようなものだと説明していますか。　**3**

　脳にいちばん必要な栄養素は，タンパク質である。脳の乾燥重量の 40% はタンパク質でできており，神経伝達物質の原料もタンパク質であり，それをキャッチする受容体もタンパク質だからである。この神経伝達物質がとても重要で，私たちが考えたりひらめいたりするとき，脳内では神経伝達物質の信号が活発に行き来している。つまりタンパク質から神経伝達物質を十分に作り，それを放出させることができれば，情報のやりとりがひんぱんに行われるため，脳が活性化してアイデアがたくさん浮かぶようになる。

　思考力アップに加えて，思いついたアイデアを膨らませたり，他の情報とつなぎ合わせたりする柔軟性もビジネスでは求められる。またトラブルなどが起きてプランを変更せざるをえないとき，「こっちがだめならあっち」と速やかに対応できる機転も必要だ。

　その応用力とは，神経伝達物質を伝える神経のネットワークを増やすことにある。神経を伸ばすためには神経栄養因子が必要であり，その原料もまたタンパク質なのだ。脳にとっていかにタンパク質が重要か，おわかりいただけると思う。

　…（略）…

　ちなみに脳に刺激を与えるときは，タンパク質を食べた上で行うと効果が出やすいはずだ。情報という刺激がくり返し入ればさらに神経栄養因子が伸びて，脳内のネットワークが縦横無尽に広がっていく。

（姫野友美『成功する人は缶コーヒーを飲まない』講談社）

1.　神経伝達物質に栄養を与え，信号の行き来を速くするもの。
2.　タンパク質を摂取しながら情報を受けると伸びるもの。
3.　脳を活性化し，アイデアを作り出すもの。
4.　頭脳の神経ネットワークを広げるもの。

4　次の文章で，筆者が言いたいことはどれですか。　　　　　　　　4

　漱石の『吾輩は猫である』の中に，よく引用される名言があります。「＊吾人は自由を欲して自由を得た。自由を得た結果不自由を感じて困っている」というものです。ここには，近代的な自我を確立しようとして苦悩した，漱石のたどり着いたユーモラスな視点が見事に表現されています。

　自由とは，近代的な自我が到達すべき目標です。共同体が押しつけてくる社会的な慣習を破壊し，理性と論理を武器に，より良い社会を自分が作り，さらなる自由を得る，という革命以来の個人主義ですね。

　しかし，相変わらずの和合主義に囚われざるを得ない日本人にとってみれば，自由などというのは罠でしかありません。自由なんてものを目指したとたん，ほぼ確実に＊＊村八分が待っているからです。近代的自我の確立は，日本人にとってはやはりえらく難しい企てで，肌に合わないものなのです。

（鈴木隆美『恋愛制度，束縛の 2500 年史』光文社）

＊吾人：私
＊＊村八分（むらはちぶ）：村社会の秩序を守るため，村全体が悪行をした者と絶交すること。

１．日本人がもっと理性的になれば本当の自由が得られる。
２．日本人にとって自由とは心の内側でなく外側に作るものだ。
３．知識人の漱石でさえ近代的自我を確立できなかった。
４．社会的慣習に縛られる日本人は近代的自我が確立しにくい。

5　筆者が説明している，企業の成長のための方法は，どのように変わりましたか。

$\boxed{5}$

　かつて米国 GE（ゼネラル・エレクトリック）社では，事業部長は ROI（投資収益率）で評価されていた。すなわち，どれだけの投資からどれだけの収益を得たかが重要であった。

　しかし，この弊害が出てきた。各事業部長が新しい分野への投資を渋り，成熟した既存分野にしがみつくようになってしまったのである。投資しなければ，分母は増えず，分子である利益を少しでも上げれば，ROI は良くなる。そうすれば事業部長は評価されるが，これでは企業の長期的成長が見込めなくなってしまう。

　そこで，先の経験曲線をベースに，導入期の事業と成熟期の事業とでは，投入される資金と回収される資金に大きな違いがあることを踏まえてマネジメントしていくことが，企業の長期的成長に欠かせないと認識されてきた。

（山田英夫『ビジネス・フレームワークの落とし穴』光文社）

1.　ROI を上げる　→　事業を新分野と成熟分野に分けて投資する

2.　ROI を上げる　→　分母を増やさずに分子を増やす

3.　収益を得る　　→　新事業の長期的成長を見通す

4.　収益を得る　　→　経験曲線をマネジメントする

6　筆者は，学者と実務家の違いについて，どのように述べていますか。　　6

　　裁判官から大学教授になって間もなくのころ，家内が友人から「いよいよ教授夫人ね」と言われて驚いていた。

　　…（略）…

　　現在，裁判官から大学に身を置く立場になって，両者を比較する意味も実益もないが，両者の違いに気付かされることもある。その一つが，時間制限に対する感覚である。

　　たとえば，論文の締切について，学者は，極端にいえば，締切になってから書き始める。実務家は，例外はあっても，大多数は締切を厳守するし，厳守しようとする。知り合いの編集者の何人に聞いても同じ感想を述べる。要するに，学者にとって，締切は，大した意味をもたないのではないか。論文は，その内容が重要であり，一つの作品であるから，芸術作品にも匹敵し，その内容をベストなものにするためには時間制限は無用なのであろう。

　　これに対して，実務家は，時間制限の中で生きている。

　　…（略）…

　　そこで，学内の会合などでも，時間どおり揃っているのは，実務家であり，実務家出身者である。学者は，五分，一〇分の遅れは，気にかけない。

（原田國男『裁判の非情と人情』岩波書店）

1.　学者は締切を考慮しないが，実務家は締切を厳守する。
2.　世間では学者よりも実務家のほうが名声は高い。
3.　学者は能力的に論文を書くのが遅いが，実務家は早い。
4.　遅刻したとき，学者は謝らないが，実務家は謝る。

7　筆者は，知的財産権を持っているのはどのような人だと言っていますか。　□7□

　　誰かが苦労して考え出したアイデアや作品をそのままコピーしたものや，それを少し変えただけのものが流通すれば，そのオリジナルを生み出した人が報われなくなってしまう。そのため，知的な創造活動によって生み出されたものを，それを創作した人の財産として保護することが必要だ。ふつうは財産というと，お金，土地・建物，自家用車などのことを思い浮かべるが，ここでいう財産とは，「経済的な価値のある情報」のことをいい，これを「知的財産」と呼ぶ。

　　つまり，「知的財産権」とは，ひとことで言えば，「人間の知的な創造活動によって生み出された経済的な価値のある情報を，財産として保護するための権利」のことである。

　　…（略）…

　　たとえば，パソコンやスマートフォンの爆発的普及と通信網の発達によって，時と場所を問わない情報のやり取りが可能となったことから，自分が創作したコンテンツを外部に発信する機会が増えてきた。その半面，それを他人に流用されることは珍しいことではなくなっているし，また，我々自身も，他人が創作したコンテンツを自分のコンテンツに取り込むことで，無意識のうちに他人の知的財産権を侵害している可能性もある。

（稲穂健市『楽しく学べる「知財」入門』講談社）

1.　知的創造によってオリジナルな作品を生み出した人
2.　経済的な価値のある情報を外部に公表した人
3.　他者のコンテンツを自分の作品に組み込んだ人
4.　知的な創造活動を財産とみなした人

8　次の文章の内容と合っているものはどれですか。　　　　　　　8

　スポーツ選手の中には，合宿所などできちんと提供されている食事を残してサプリメントを摂っているような人がいる。このような場合には，サプリメントから摂ったものが残した食事に含まれていたものと相殺されて摂取量が増えていないことがある。

　…（略）…

　スポーツによる疲労にはいろいろなものがある。消費したエネルギーを回復させることは，エネルギー面から見た疲労の回復である。したがって，炭水化物を補給してエネルギーを回復することは栄養学的に正当といえる。

　では，疲労感を軽減させるサプリメントがあったとして，それは必要だろうか。

　…（略）…

　そんな作用を持つサプリメントは存在しないと思うが，仮にあったとしても利用するかどうかをよく考える必要がある。

（岡村浩嗣『ジムに通う人の栄養学』講談社）

1．スポーツの合宿所ではきちんとサプリメントが提供されている。
2．疲労感をなくすサプリメントはまだないから開発意義を考えたほうがいい。
3．食事を残してサプリメントを摂取しても意味があるとは限らない。
4．栄養学的に正しいエネルギーの補給は，炭水化物の回復である。

9　次の文章で筆者は，高齢者にとって郊外にはどんな問題があると言っていますか。

9

　高齢化する郊外にとって重要な課題が，交通手段，移動手段の充実である。人の手を借りず，自由に移動できることは，高齢者が生活したり，働いたりする上で必須であり，生きがいの基礎でもあるからだ。私の調査でも，高齢者の将来不安は，1位の病気に次いで2位が自由に移動できなくなることだ。病気になれば移動が制約されるので，この2つは原因と結果でもある。病気になりたくない大きな理由が，移動の制約なのだと言える。

…（略）…

　郊外のニュータウンは坂道が多い。若いときは何でもない坂道が，高齢者になると大きな負担になる。一人で買い物に行くのもままならない。だからこそ，郊外のニュータウン向けの新しい＊モビリティの開発が急がれる。

（三浦展『東京郊外の生存競争が始まった！』光文社）

＊モビリティ：移動性

1.　病院が少ないこと。
2.　移動が許可されていないこと。
3.　買い物が不便なこと。
4.　交通機関が少ないこと。

10　次の文章で筆者が最も言いたいことはどれですか。　　　　　　　　　　10

　コンピュータは，電子部品で構成された物理的な機械（ハードウェア）ですが，ソフトウェアがインストールされていなければ，役に立たないただの箱です。コンピュータが人間の役に立つためには，ハードウェアに具体的な役割を与え，人間にとって意味のある処理を実行するソフトウェアが必要不可欠なのです。

　では，機械と人間との橋渡し役を担うソフトウェアは，どのようにしてつくられているのでしょうか。部外者にとってはミステリーそのものでしょう。ソフトウェアは，企業の機密保持の壁の内側や，個人宅のプライバシーの壁の内側でつくり出されています。ソフトウェア開発者たちが作業する様子を，部外者が日常生活のなかで目にする機会はまずありません。…（略）…ソフトウェア開発は，外側から観察することが非常に難しい作業なのです。

（宮地弘子『デスマーチはなぜなくならないのか』光文社）

1.　優れたソフトウェアでもコンピュータがなければ何もできない。

2.　人間にとって意味のある処理ができないソフトウェアは価値がない。

3.　ソフトウェアは企業の機密保持のせいで，部外者の日常生活からかけ離れている。

4.　ソフトウェアは重要な存在だが，部外者はそれが作成される過程がわからない。

11　次の文章を読んで後の問いに答えなさい。

　消費者としてモノを買う立場から，いわば「消費者の利益」という観点に照らすと，商店街で買い物をするという選択肢は選ばない。けれども，街路の賑わいやコミュニケーションの場，地域コミュニティの担い手という面からは，商店街の存続を強く願っている。これが私の接する学生の最大公約数的な姿ということになりそうです。

　…（略）…

　「商店街はこのままなくなってしまってもよいのか？」という問いかけに，ほとんどそこで買い物をしない大学生でさえ，「よくない」「いやだ」「さみしい」と答えるのは，彼ら・彼女らが，小売商業のなかに，単なるモノの売り買い以外の何かを見いだしているからに他なりません。すでに見た通り，賑わい，コミュニケーション，コミュニティといった側面もあるでしょうし，「あたたかい感じがするのは商店街」「小さなお店の人とか優しい」というコメントからは，消費者という立場を超えて，ひとりの人間として商店街に向き合っている様子が伝わってきます。

　ここには，「消費者の利益」という価値観の前に，他の諸価値が見えにくくなっているいまを，解きほぐす手がかりがあるように思えます。商品の価格や品質にさえ満足できれば，どこでどう買い物をしようが構わないはずなのに，商店街がさびれゆく状況には心がざわめくという感覚。

（満薗勇『商店街はいま必要なのか』講談社）

問1　筆者の知っている学生たちについて，この文章と合っているのはどれですか。

11

1.　多くの学生は，商店街がなくなるのは良くないと思っている。

2.　多くの学生が商店街で買い物をしている。

3.　商店街で買い物をすることは全くない。

4.　商品を買うときは，価格や品質を最も重視している。

問2　この文章で筆者が述べている小売商業について，最も適当なものはどれですか。

12

1.　小売商業は商品の売り買いという機能が重要で，人との触れ合いは必要ない。

2.　消費者は小売商業に対し，商品の価格や品質の満足だけを求めている。

3.　商店街には，小売商業一般にはみられない独特の価値がある。

4.　小売商業はいま，商店街を参考にして商品の付加価値を検討している。

12　次の文章を読んで後の問いに答えなさい。

　　「教育は幸福と相関がない」という衝撃的な結果があります。

　　…（略）…

　　これは，従来の教育のやり方に問題がある，ということではないでしょうか。学校では，いろいろな知識やスキルを学べる。しかし，知識やスキルを使って仕事をしても，幸せになるわけではない。だとすると，なんのために教育を受けているのでしょう。

　　…（略）…

　　人類のあらゆる営みは幸せにつながっている。したがって，それぞれの営みがどのように幸せに影響しているかを，人々は意識するべきである。私はそう思います。

　　倫理教育と似ていますね。比べてみましょう。

　　昔は，科学技術の研究者は「それがどう使われるべきか」という倫理の問題に関与しなくてもいいと考えられがちでした。しかし，原子力からiPS細胞（誘導多能性幹細胞）まで，あらゆる科学技術は，（　Ａ　）人類に大きな影響を与える。だから，科学技術の研究開発を行う者は，「それがどう使われるべきか」を考慮すべきである，というのが現代の応用倫理学の基本的な考え方です。

　　昔は，人類のあらゆる営みは，「それがどう幸せと関わるか」という幸福の問題に関与しなくてもいいと考えられがちでした。しかし，金，モノ，名誉など，あらゆる地位財は，目指し方を間違えると幸福に大きな影響を与える。だから，あらゆる営みに関わる者は，「それがどう幸せと関わるか」を考慮すべきである。これが現代の幸福学の基本的な考え方というべきではないでしょうか。

（前野隆司『幸せのメカニズム』講談社）

問1　（　A　）に入るものとして，最も適当なものはどれですか。　　13

1.　目指し方を間違えると

2.　使い方を間違えると

3.　幸福のために使うと

4.　地位財のために使うと

問2　筆者は，教育の目的として，最も重要なことは何だと述べていますか。　　14

1.　学ぶ人が幸福を感じやすくすること

2.　学ぶ人が金やモノを得られるようにすること

3.　学ぶ人に幸福を提供すること

4.　学ぶ人の幸福に寄与すること

13　次の文章を読んで後の問いに答えなさい。

　　自分なりの尺度を持っていると，はじめて見る観察対象でも，ある程度理解できます。また自分の尺度があると，必要なときに自分の中の知識を総動員して，つくりたい考えのベースになる必要なタネをつくりやすくなるので，考えをつくるときに大いに役立ちます。

　だれでもそうですが，はじめて目にする未知の事象を理解するのはなかなかたいへんなことです。これはそのものを理解するための知識が頭の中になかったり，あったとしても少ないからです。そういうときに役立つのはやはり数字です。

　…（略）…

　日常でやり取りをしている一万円単位くらいまでの金額だったら高いか安いかの値ごろ感はよくわかると思いますが，億や兆といった額になると，それがどのくらいの価値なのかわからなくなる人も多いと思います。そうしたときに，自分が関心があったり知っているものの金額が自分なりの尺度として使えるでしょう。

　…（略）…

　たとえば食糧問題を考えるときには，一人一年一石というお米の量を基準にしています。一石というのは一〇〇升でだいたい一五〇キロです。日本の人口は約一億三〇〇〇万人なので，お米だけで生きていくとすると年間およそ二〇〇〇万トンが必要です。しかし日本の米の生産量は年間八〇〇万トン程度なので，お米によるカロリー自給率は四〇パーセントくらいしかありません。足りない分は小麦やそばなど他の穀物で補っていますが，ほとんどが国内でまかなうことはできないので外国からの輸入に大きく依存しているのが実情です。

（畑村洋太郎『考える力をつける本』講談社）

問1　下線部「自分なりの尺度」とはどのようなことですか。　⬚15

1. 高いか安いかを知るための標準的数字
2. 事柄を理解するのに使う自分の中の基準
3. 全知識を使って考えるときの観察力
4. 知らない事柄でもすぐにわかる土台

問2　日本の食糧問題について，尺度を使うとどのような考えが可能ですか。最も適当なものを選びなさい。　⬚16

1. 米の生産量が足りないからこそ，パン屋やそば屋が増えたのだろう。
2. 米二〇〇〇万トンは在留外国人のことを考慮しておらず身勝手だろう。
3. 米以外の穀物を大量生産すれば，自給の面では米がなくても大丈夫だろう。
4. 米の生産量があと一二〇〇万トン増えれば，輸入は必要なくなるだろう。

14　次の文章を読んで後の問いに答えなさい。

　「それはいつ頃のできことだったのですか？」と尋ねているのに、「大阪へ行ったときのことでして、そう最近、新大阪駅周辺の開発が著しくて…」という具合に場所について答えが返ってくる。

　…（略）…

　このように、返事がトンチンカンな人がいる。よく聞いていると、どうも相手の発言のなかで自分の関心があるワードやテーマに反応し、反射的にリアクションして答えはじめてしまうようだ。

　…（略）…

　そこで、答える際、次のようなことに気をつけてみる。

　「それはいつ頃のことだったのですか？」と聞かれた場合、「いつ頃のことかというと」というふうに、相手の質問の肝の部分を繰り返す。

　…（略）…

　これから自分が答える道筋を明確にしてから、話しはじめるようにするとよい。

　話を取っている本人は、残念ながら、気づくことができないかもしれない。だが、もしも自分がよくやっていると気づいたら、「で、何だっけ？」で相手に話を戻せることを覚えておくとよい。

　これは、会話をリセットできる魔法の言葉だ。

　複数で話している場で誰かが話を取られたら、「で、いつ頃のできごとだったの？」…（略）…と戻してあげると、取られた人から感謝されるだろう。

　また、一対一で取られたとき、「で、何が言いたかったかというと」と話の途中で返せばさすがに相手も気づく。あまり目上の人にはできないだろうが、それでも雑談程度なら許されるだろう。

（樋口裕一『頭のいい人は「答え方」で得をする』大和書房）

問1　「話しを取られる」とは，どのようなことを指していますか。　　　　　　　17

1　質問した人が，質問された人の答えを待たずに，別の話題に移ること。

2　質問した人が，質問された人の答えを待たずに，自分の見解を話すこと。

3　質問された人が，質問には満足に答えないで，別の話題に移ること。

4　質問された人が，自分は答えないで，質問した人に同じ質問をすること。

問2　3人以上で会話しているときに話が本題から外れてきたら，どうしたらいいですか。　　　　　　　18

1　質問する人は，質問の最後に質問の重要な部分を繰り返して言う。

2　質問する人は，質問された人に，「で，何だっけ？」と聞き，話を戻す。

3　質問された人は，話の途中で，「で，何が言いたかったかというと」と，要約する。

4　質問する人，質問された人以外の第三者が，同じテーマでもういちど質問する。

15　次の文章を読んで後の問いに答えなさい。

　恐怖は人間の態度変様を促す大きな要因であると古くから言われている。「脅す」という行為が時に絶大な効果を発揮するのは、相手の恐怖心を煽（あお）るからである。あからさまに使うと人道的にかなり問題があるのだが、ある特定の行動パターンを抑制したり、また逆に促したりするような目的で<u>恐怖メッセージが使われる</u>ことは少なくない。

　…（略）…

　「恐怖」戦術とその効果については、逆U字形（∩）の関係があるという考え方が広く受け入れられている。つまり、「仕事のミスはできるだけなくすように。ボーナスの査定に響くかもしれないからな」などとやんわりと脅かすだけでは、「馬の耳に念仏」、ほとんど効果はなく、逆に「今度、仕事でヘマをやったら、ボーナスはゼロだぞ」などと脅かしすぎると反発を招いたり、「せっかくがんばろうと思っていたのに、そんな言い方されたらやる気もなにもなくなってしまう」と逆効果になりかねない。

　このようなしっぺ返しを、心理学では「ブーメラン効果」と呼んでいる。だから、「この種の仕事上のミスは、ボーナスの査定の際、最大三〇％のマイナス評価になるので今後十分注意するように」と、できるだけ具体的かつ適度に脅かすのが一番だ。

（中西雅之『なぜあの人とは話が通じないのか？』光文社）

問1　ブーメラン効果として，最も適当なものはどれですか。　　　　　　19

1.　優しく脅すと行動面で効果がない。

2.　強く脅すと行動面で逆効果を生み出す。

3.　適度に脅すと行動面でよい効果が出る。

4.　脅しは行動パターンの抑制効果を持つ。

問2　下線部「恐怖メッセージが使われる」とありますが，それは何のためですか。

　　　　　　20

1.　マイナス評価を恐れる人を効果的に操作するため

2.　労力をかけずに人の態度を変容させるため

3.　他者の行動をコントロールするため

4.　人道的に問題なく他者の行動を調節するため

16　次の文章を読んで後の問いに答えなさい。

　昆虫のなかには社会生活を送るものがいる。よく知られているのは，蜂蜜の生産のために飼育されるミツバチや，毎年秋に人が刺されて問題になるスズメバチだろう。このほかにも，実はハチのなかまであるアリ，さらに前述のシロアリ，アブラムシ，そしてアザミウマ目の昆虫に社会性があることが知られている。

　そこには人間社会を徹底的に原理化したような様子，いわば縮図を見ることができる。

　そもそも人間以外の生物における社会性とはなんだろうか。漠然と考えると，たくさんの個体が一緒に暮らしていることと想像するかもしれない。それも重要な点だが，一番大切なのは，「階級（カースト）」があることである。

　たとえばミツバチやスズメバチの場合，卵を産む女王バチがいて，その下に，働くことに専念し，産卵しない働きバチがいる。

　このように，卵を産む階級（通常は女王）と卵を産まずに働く階級がともに生活していることを，とくに「真社会性」という。

　これらは通常，血縁関係があり，その点ではまさに「家族」であり，他人どうしの関係である人間の社会とは根本的に構造や意味が異なる。しかし先に述べたように，それらの行動や生活，種間関係は，どうしても人間社会と対比して考えざるをえないほどきわめて「社会的」なのである。

　また，社会性昆虫は，社会性を背景としたその高等な生活様式が関係してか，地球上で大きく繁栄しているという特徴がある。

　…（略）…

　アリには植物食のものが多いが，生物量から見たその優位性やほかの生物を追い払う排他性から考えると，実は熱帯雨林における生態系の頂点には，ヒョウなどの大型肉食獣の陰に，多くの種をひとまとめにしたアリが君臨しているともいえる。

（丸山宗利『昆虫はすごい』光文社）

問1　昆虫社会において，下線部「階級（カースト）」が重要な点であるのはなぜですか。

21

1.　異なる役割の階級が共同生活することに昆虫社会の特徴があるから。

2.　昆虫社会は人間社会と違って，みんな階級で結ばれているから。

3.　数多くの個体が共同生活する根拠が階級にあるから。

4.　昆虫の階級社会は血縁関係がないと成立できないから。

問2　昆虫の社会性について，筆者が挙げていることはなんですか。

22

1.　ミツバチは階級の役割に基づき蜂蜜を作る。

2.　アリは多くの種を従え，大型肉食獣をも排他できる数的な優位性を持つ。

3.　社会性のある昆虫は繁殖しやすいと言える。

4.　女王バチは卵を産むという高貴さから，下の階級と一緒に生活しない。

17　次の文章を読んで後の問いに答えなさい。

　ネットで買い物をする機会が増えると，宅配便の配達員が自宅のチャイムをならすことが増える。あまり外出しない人の場合，会う機会が最も多いのは，宅配便の配達員かもしれない。それほど頻繁に，彼らは各家庭を訪れる。ネット通販が普及した現代では，欲しい商品を買うことは，宅配便のドライバーと会うことと同じになる。

　繰り返すが，注文された商品を購入者に届ける配送のことをラストマイルと呼ぶ。輸送のことを考えると，ネット通販のラストマイルは（　Ａ　）。最も効率的な輸送とは，大量の貨物をまとめて発地点から着地点に運ぶことだ。例えば，工場で生産される大量の製品を大型トラックに満載して，着地である物流センターに直送する。これが最も単純で輸送の時間が短く，かつ輸送コストも抑えることができる。

　これと対極にあるのが，ネット通販の配送である。

　…（略）…

　注文は，いつ，どこで発生するのか分からない。しかし，注文があれば，短時間のうちに確実に届けなければならない。しかも，配送する商品は一個かもしれない。一個でなくても，きわめて少量の場合が多々ある。その少ない貨物を，世帯別，事業所別に，ばらばらに個別に配らなければならない。

　このために，企業から発生する貨物の輸送に比べると，ネット通販の配送作業は煩雑となり，効率も極端に低く，そして貨物の単位当たりの配送コストも高くならざるをえないという性質を帯びている。

　…（略）…

　わが国では郵便局の小包サービスとトラック運送業者の宅配便が，ネット通販のラストマイルに必要な配送を担っている。こうしたパターンは日本だけでなく，他国でも共通している。

　例えば，アメリカでも中国でもそうだが，もともと国営で全国を網羅するネットワークを持つ郵便があり，そのなかで民間の宅配便事業者が成長し，ネット通販のラストマイルを担う。

　…（略）…

　日本の場合，ネット通販が行われる以前でも，カタログ通販やテレビ通販，総合

通販，さらには産直（産地直送）など，旧来の通信販売において，小包と宅配便は消費者への商品の配送を行ってきた。ネット通販が急激に拡大しても，これらの事業者はさらにその輸送能力を高めて，そのラストマイルを担っている。

（齊藤実『物流ビジネス最前線』光文社）

問1　下線部「ラストマイル」は何を意味していますか。　　　　　　　　　23

1. 工場から物流センターへ製品を配送すること
2. ネット通販で注文された商品を短時間で配ること
3. 商品を通販の客のところへ配送すること
4. 郵便局と宅配便が製品を配送すること

問2　（　A　）に入るものとして，最も適当なものはどれですか。　　　24

1. 大変時間がかかるものである。
2. 本質的に厄介なものである。
3. 比較的効率がよい。
4. 常に大型トラックが利用される。

問3　ネット通販について本文の内容と合っているものはどれですか。　　25

1. ネット通販は物流センターから各世帯へ配送する仕事を生んだ。
2. 外出しない人に宅配便ドライバーと会う機会を提供しているのがネット通販だ。
3. 一般的に商品輸送は国営で始まり，のちに成長した民営がネット通販を担う。
4. ネット通販は宅配便の急成長を前提としたため急激に普及した。

第⑨回

（制限時間：70分）

記述問題・説明

　記述問題は，二つのテーマのうち，<u>どちらか一つを選んで</u>，記述の解答用紙に書いてください（テーマ番号を書く必要はありません）。

　文章は横書きで書いてください。

　解答用紙の裏（何も印刷されていない面）には，何も書かないでください。

記述問題

　以下の二つのテーマのうち，どちらか一つを選んで 400 〜 500 字程度で書いてください（句読点を含む）。

　①　近年日本では，小・中学生の基礎学力の低下が問題視されています。日本の小・中学生の基礎学力が低下した理由は何でしょうか。そして今後，日本は，小・中学生の基礎学力の低下という問題をどのように解決すればいいと思いますか。あなたの意見を述べなさい。

　②　世界では多くの開発途上国が深刻な貧困問題を抱え，数えきれない人びとが苦しめられています。開発途上国の貧困問題が未だ解決されていない理由は何でしょうか。そして今後，この問題にどう取り組めばよいと思いますか。あなたの意見を述べなさい。

読解問題・説明

　読解問題は，問題冊子に書かれていることを読んで答えてください。

　選択肢 1，2，3，4 の中から答えを一つだけ選び，読解の回答欄にマークしてください。

1　次の文章で述べている内容に合っているものを選びなさい。　　　　1

　2040年までにガソリン車やディーゼル車の販売を禁止する。2017年7月6日に，フランスのユロ・エコロジー大臣が打ち出した方針は世界に衝撃を与えた。そして追い打ちをかけるように同月26日には，英国も2040年までにガソリン・ディーゼル車の販売を禁止するという同様の方針を表明した。じつはこの発表内容では報道が錯綜しており，エンジンを搭載するクルマはHEV（*ハイブリッド車）も含めてすべて禁止されるという報道と，HEVは許容されるという二つの報道がある。

　筆者は欧州の完成車メーカーの技術担当役員にもその内容を確認したことがあるが，曖昧な返答に終止した。ただし大方の見方は，EV（電気自動車）やFCV（燃料電池車），それにPHEV（プラグインハイブリッド車）は許容されるものの，通常のHEVは許容されないのではないかというものだ。

　既に欧州ではノルウェーが，2025年までに国内で販売する車両をEVかPHEVに限定することを検討しているほか，オランダも同様の政策を検討している。しかし，フランスや英国のような欧州の大国がエンジン車の販売禁止を打ち出すインパクトは大きい。

　…（略）…

　世界最大の自動車市場である中国では現在，EV，PHEV，FCVの普及を促す政策を強く推し進めているほか，インドでもモディ政権が2030年までに国内で販売する車両のすべてをEVにする方針を打ち出している。

（鶴原吉郎『EVと自動運転』岩波書店）

*ハイブリッド車：ガソリンで動くエンジンと電気で動くモーターの2つの動力源を備えた自動車を指す。

1. 欧州の国々は 2040 年までにエンジンを使用するクルマを禁止すると決定した。

2. インドの政策では，現在，電気自動車のみを認めている。

3. フランスは，欧州の中でいち早くエンジンを載せた車を販売禁止する政策を打ち出した。

4. ガソリン・ディーゼル車は，今後使用が禁止されていく一方だ。

2　次のお知らせの内容と合っているものはどれですか。　　　　　　　　　2

卒業アルバム掲載用　個人写真撮影会のお知らせ

卒業アルバム用個人写真の撮影会を下記の通り実施いたします。このアルバムは，大学の思い出を形に残したいという思いから，有志の学生が作成することを決めたものです。現在四年生のみなさんは，ぜひご参加ください。個人写真を撮影されない場合，学生証の写真が卒業アルバムに掲載されます。

卒業アルバムは購入制となっております。購入希望者は事前に申し込みおよび購入手続きをしてください。詳しい購入方法については，撮影会でご案内いたします。なお，卒業アルバムを購入されない場合でも，撮影会にはできるだけご参加ください。

対象者	来年度卒業予定の現4年生
日時	①　11月20日（金）　15:00～17:00 ②　11月24日（火）　13:00～15:00
場所	多目的ホールB

※1 グループ写真，サークル活動写真の撮影も行います（希望団体は事前にご連絡ください）。
上記の日時のどちらかで都合のいい時間にご参加ください。撮影は無料で行います。服装は自由です。本人確認のために学生証をお持ちください。ご不明な点は下記までお問い合わせください。

卒業アルバム制作委員会　委員長：山田花子
電話：070-1122-7788
メール：yamada@hanako.com

---

1. 今の四年生は全員写真を撮らなければならない。

2. アルバムを購入しない学生は写真が掲載されない。

3. 部活動の成員と一緒に写真を撮ることができる。

4. 着物を着た上で撮影会に出席しなさい。

3　次の文章で，少子化社会の現実について述べられている内容と合っているものは
どれですか。　　　　　　　　　　　　　　　　　　　　　　　　　　　　　　3

　私は大学で「社会保障論」という通年の講義を行っているが，先日「少子化」をテー
マとする話をした際に学生に小レポートを書いてもらったところ，現在の日本におけ
る少子化ないし低出生率の原因として大きいのは，「労働時間が長すぎ子どもを生み
育てる余裕がないこと」という点を挙げて論じる学生が予想外に多かった。

　たとえばある学生は「少子化の背景として未婚化，晩婚化が挙げられているが，そ
の大元の要因は日本の労働環境にあると思う」と記し，少子化問題への対応策として
ワークシェアの必要性を指摘していた。別の学生は，「会社の労働環境を変えること
が一番ですが，どのくらいのペースで変えていくかが問題です。育休が自由にとれる
ようになっても休まないのが当たり前の空気の中では，休みを取ろうにも取れません
し，会社も休みをとろうと思っている人間を採用しようとは思わないと思います。"空
気"は本当にやっかいです」と述べていた。

　偶然にも，ある女子学生は，最近就活をしている友人の例をひき，面接で多くの会
社が子どもを生むとしたらいつ生むかをよく聞いてくるので，ある会社にその理由を
聞いたところ，「子どもがないってことはこれから生むでしょう？　休みとらなきゃ
いけないでしょう？　困るよ」と言われショックを受けたことを記していた。

（広井良典『ポスト資本主義』岩波書店）

1.　長期の休みを取る人間へのプレッシャーがある。
2.　女性に仕事の権限が与えられている。
3.　仕事と家庭のバランスを取るシステムが存在する。
4.　子どもを出産したいときは報告の義務がある。

4　下線部「ビーグル号航海記」の中で述べられている調査について適切に述べているのはどれですか。

4

　リオデジャネイロというと，チャールズ・ダーウィンと『ビーグル号航海記』に触れないわけにはいかない。1832年4月4日から7月5日の間，ダーウィンはリオデジャネイロに滞在し，周りの動植物，そして地質や気象現象まで調査をしたのだ。「よこすか」が入港する181年前のことである。1831年12月にイギリスの軍港，デヴォンポートを出港したビーグル号は，カーボ・ヴェルデ諸島，ブラジル北東部のバイーア（サルヴァドール）に寄港しながら南アメリカ東海岸を南に下ってきた。ダーウィンを乗せたビーグル号は，寄港地ごとに地形調査を行うとともに，ありとあらゆる自然物，つまり動植物，地質鉱物，化石そしてそこに住む原住民などを調査している。いわゆるナチュラル・ヒストリー（自然史）である。ここで行われる「自然をありのままに観察・分析・記載し，そして収集する」研究は，野外の自然を対象とする自然科学の出発点である。

（北里洋『深海，もうひとつの宇宙』岩波書店）

1．ビーグル号は，リオデジャネイロのみの調査を行った。

2．「よこすか」と共同で行った研究だった。

3．この調査は自然を対象にしているもので，人間は調査対象外だった。

4．この調査は，ナチュラル・ヒストリーと呼ばれる学問に関係する。

5　下線部「刷り込み」の例として，最も適当なものはどれですか。　　　　　5

　僕たちが持っている「心の古傷」の中で，最初に挙げるのが，「刷り込み」です。
　刷り込みというのは，「いつかどこかで繰り返し聞いた誰かの価値観」のことです。
　たとえば，男とは，女とは，夫とは，妻とはこうある「べき」。
　礼儀やモラルはこうある「べき」。
　仕事の仕方はこうある「べき」というものです。
　僕たちは，生まれてから今までのあいだに親をはじめ，先生や友人など信頼する人物から「こういうときは，○○するんだよ」と教えられると，それが正しくて，それ以外は間違っている，と考え始めます。
　たとえば，親から「食事のときに，テーブルにヒジをついて食べるのは行儀が悪いんだよ」と教えられたら，その瞬間から，ヒジをついて食べている人を見ると，「行儀の悪いだらしのない人」と判断し始めます。一方，自分はヒジをついて食べないから「行儀がいい」，つまり「自分は正しい」と考え始めます。

　　　　　　　（心屋仁之助『まわりの人と「うまく付き合えない」と感じたら読む本』大和書房）

1.　自分は英語が苦手なので，努力することを心に決める。
2.　親からよく学歴が大切だと話されたので，大学を目指そうと感じる。
3.　好きな人の食べ物の好みに合わせた料理を作ってあげる。
4.　旅行雑誌をよく読んで，行きたいところを決定する。

6　次の文章の内容と合っているのはどれですか。　　　　　　　6

　離婚件数は一九九〇年代以降上昇を続け，二〇〇二年に二八万九八三六件とピークを迎えた。

　…(略)…

　婚姻が人と人との結びつきである以上，不和は起こりうる。円満な夫婦生活に回復することが不可能なこともある。離婚とは，破綻した，形だけの婚姻から当事者を解放する制度だと言える。そして現在，婚姻する男女の一方または双方が再婚であるケースが，婚姻全体の約四分の一に上る。離婚，再婚はごくふつうに起こっている。実際には，離婚に至る過程でも，離婚後の生活でも，つらいこと，しんどいことがたくさんあるが，それは家族のメンバーチェンジとして前向きにとらえていきたい。

（二宮周平『家族と法』岩波書店）

1.　離婚件数はここ数十年変わらない。

2.　再婚経験者の離婚件数は，離婚件数全体の四分の一である。

3.　離婚することで，破綻した関係から自由になれる。

4.　離婚はつらい経験であり，しないほうがよい。

7　次の文章で，アジアに昔から存在した考え方として挙げられているもので，最も
適当な組み合わせはどれですか。　　　　　　　　　　　　　　　　　　　7

　生物は進化してきたという考え方である進化論を科学として定式化したのはダー
ウィンだが，それに先立つ進化論的な考え方は古代哲学にまで遡る。それらはむしろ，
進化観ないし進化思想とでも呼ぶべきものだろう。

　そうした観念の源は，生物個体の誕生から死に至るまでの過程にある。子どもが生
まれて大きくなり，老いて死んでいくという厳粛な事実。それと，万物は流転してい
くという自然観が結びついた生命観としての進化論である。

　アジアでは古代インド哲学や中国の老荘思想にその源流が求められる。そこではき
わめて流動的な自然観が普及し，万物は単純なもの，基本的な元素から発展して流転
する，輪廻転生するといった考え方があった。

　それを進化思想の萌芽とすることには若干の抵抗がある。しかし，生物の一生を見
つめる眼差しがアナロジーとして作用し，進化観の受容に結びつく素地となる可能性
はあった。

（渡辺政隆『ダーウィンの遺産』岩波書店）

a.　生まれ変わり

b.　全てのものはうつり変わり，とどまることがない

c.　静的な生命観

d.　科学としての進化論

1.　aとb

2.　aとc

3.　bとc

4.　bとd

8　次の文章で，筆者が述べている「守破離」の「守」の例として，最も適当なものはどれですか。　　　　　　　　　　　　　　　　　　　　　　　　　　　　8

　　武道に「守破離」という教えがある。武道をきわめようとするなら，はじめに基本を型として忠実に学ばなければならない。空手だと，平安とか観空とかいろいろな型があって，それを忠実に覚えて，なめらかに演じられるようにするという模倣の過程がある。これで先人の技術を吸収するのが第一のステップだ。しかし，そのうちそれを組手などの実戦を通して改良していき，先人の教えを打破して，自分にもっとも適したスタイルに変えていく。これが第二のステップだ。そして，さらに修練を積んでいくと，先人の教えにこだわらない独自の戦い方を編みだしはじめる。さらには，自分の流派をつくって道場主になるというような，第三のステップにいきつくのだ。

　　これは，模倣から独創への道すじをしめしたことばで，武道以外の分野の発展過程にも適用できる。

（広瀬茂男『ロボット創造学入門』岩波書店）

1.　仕事のやり方について，先輩や上司に自分の意見を主張する。
2.　仕事ができる先輩の姿を真似する。
3.　仕事をするうえで自分のルールを守ってすすめる。
4.　独自の働き方について模索する。

9　次の文章で，筆者が述べている内容として適当なものをえらびなさい。　　　9

　わたしたちの時間へのかかわりは，とにかく不安定だ。勤務に貼りついているとき
は精密に区分けされた時間に居心地をわるくし，暇なときは時間をもてあまし，何か
に夢中になっているときは時の速さが恨めしくなり，何かを待っているときは時の鈍
重さ，粘つきにいらいらしてくる。とおもえば，たとえば震災のような一大事が起こ
ると，激しく波打つ社会の時間にあっさり呑み込まれもする。そして，それほど自分
を震撼させたものが時とともにあまりにも速やかに褪せゆくことに愕然としもする。
時間はあらゆるものを洗い流してゆく。

　希望，不安，祈り。プロジェクト，年度計画，気象予報，企業戦略，リスク予測，競争，
そして流行りもの。だれもかれもが時間を，前のめりというか，つんのめって感受し
ているのかとおもいきや，逆に過ぎゆくものへのこだわりもはなはだしい。悔いても
悔いても悔やみきれないこと，消せない記憶，深い心的外傷，それにいまでこそ薄まっ
たとはいえ一国の伝統，家系への頑ななこだわりも。ことほどさように，ひとは時間
に翻弄されてきた。

（鷲田清一『哲学の使い方』岩波書店）

1．人間は，過去に対してのこだわりが強い。
2．人間は，時間には関係なく安定して仕事ができる。
3．人間は，時間に左右されることは少ない。
4．人間は，時間が経っても大きな事件を鮮明に覚えている。

10　次の文章の（　A　）に入るものとして，最も適当なものはどれですか。　　**10**

　実際に目の前にいない人が見えたり，そこにいない人の声が聴こえたりすることを，幻覚と呼びます。視覚体験としての幻覚は幻視，聴覚体験としての幻覚は幻聴と呼ばれます。幻視がみられる精神科の病気としては，アルコール依存症の人が急にアルコールをやめたときなどにみられる「せん妄」があります。（　A　）などの体験で，本人は怖くて暴れたりすることもありますが，後になると記憶に残っていないことも多い，そういう状態です。これに対して，統合失調症にみられる幻覚の場合には，幻視よりもはるかに幻聴のほうが多いのです。

（村井俊哉『統合失調症』岩波書店）

1.　自分を攻撃する声が聴こえる。
2.　壁に虫が這っているようにみえる。
3.　変な臭いにおいがする。
4.　酒を飲みたくて苦しむ。

このページには問題はありません。

次のページに進んでください。

11　次の文章を読んで後の問いに答えなさい。

　　日本は少子化社会であり，同時に，これまで経験したことのない超高齢化社会になると言われている。子どもの数が少なくなるのに希望する認可保育園に入園できないとは，どういうことなのだろうか。これまでの対策は，認可保育園を建設する方向をめざしてきたのかどうか。最近の少子化対策をたどり，子どもや親の立場から，そのあり方を考えてみたい。

　　日本の人口は，明治期以降に増加しはじめ，大正期，昭和期と右肩上がりに増加してきた。そして，いまから約一〇年前の二〇〇五年に，はじめて人口が減少する方向に転じたということである。さらに，今後，急激に少子化がすすむことが予想されている。

　　子育て支援が少子化対策として表面化するのは，こうした人口減少の最中，とりわけ一九八九年の合計特殊出生率一・五七が明らかになってからである。六〇年ごとにある＊丙午の年（一九六六年）の合計特殊出生率一・五八よりも低下し，「一・五七ショック」と報道された。

　　この時以来，つまり九〇年代初めから，少子化問題が政策課題になってきたのである。国が，保育や子育て支援はどうあればよいのか，考えざるを得なくなったといえる。もちろん，それ以前の一九七〇〜八〇年代にも，必要性から保育園の増設が進んできた時期もある。しかし保育園の増設については，抑制される方向へと転換されてきた。

（近藤幹生『保育とは何か』岩波書店）

＊丙午の年：この年に生まれた女性は災いをもたらすという迷信があったため，人口増加期でも例外的に出生率が低かった。

問1　下線部「一・五七ショック」とはどのようなものですか。　11

1.　丙午の年を迎えたことでさらに出生率が下がってしまったこと。

2.　一九八九年から子育て支援が進まなくなってしまったこと。

3.　一九八九年に国内の人口が減少してしまったこと。

4.　合計特殊出生率が著しく落ち込んだこと。

問2　筆者は，認可保育園の建設についてどのように述べていますか。　12

1.　九〇年代において保育園の数はなかなか増えなかった。

2.　二〇〇五年から少子化問題が深刻になってきた。

3.　認可保育園は時代を経て右肩上がりに増加してきた。

4.　政府は，認可保育園を増設する方向をめざした。

12　次の文章を読んで後の問いに答えなさい。

　　人には様々な行動の基準があります。

　　最近の私は最もプリミティブではあるけれど、最も信頼できる (1)「好きか、嫌いか」が基準になっております。

　　「成功者はみんな A5 ランクのステーキを食べていますよ」と言われたとしても、納豆を食べたいときは、なんだったらパックのままでも堂々と納豆を食べる。いいじゃないか、それで。それが好きなんだからさあ。ほっといてくれよって思っています。

　　「好き」って理屈じゃないですよね。つまり、頭で考えて決めたことじゃないってこと。どっちかっていうと魂からくる信号のように思うんですよね。だから「好き」に従っているときは楽だし、結果的にうまくいくことが多いです。

　　でも世の中には、「好き、嫌い」の基準じゃなくて、 (2)「正しいか、正しくないか」が基準になっている人もいます。

　　だから人の不正は絶対に許せない。お前は検事かっていうほど厳しい。そして悪を叩きのめすことに快感を感じ、そういう自分に酔っているようにすら見えます。

　　　　　　　（大木ゆきの『頑張りすぎな人がまだ知らない　勝手に幸せが続く方法』大和書房）

問1　下線部（1）「好きか，嫌いか」できめることについて，筆者が述べていることはどれですか。　　　　　　　　　　　　　　　　　　　　　13

1．自分の本当の気持ちであり，いい結果が出やすい。

2．間違いを正すことにつながる。

3．周りの価値基準によるものである。

4．自分の理屈にしたがっているので快適である。

問2　下線部（2）「「正しいか，正しくないか」が基準になっている人」の行動の例として最も適当なものはどれですか。　　　　　　　　　　　　　14

1．レストランでは，なるべく値段の安いワインを頼む。

2．誕生日だが，バースディケーキではなく好物の果物を買って食べた。

3．会議に遅刻した人に理由を聞くことなく叱責する。

4．買いものをするときは，品質が良ければ値段は気にせず選ぶ。

13　次の文章を読んで後の問いに答えなさい。

　避難にあたって車を使ったという人は，全体の57％に上った。そのうち34％までが，「渋滞に巻き込まれた」と答えている。…（略）…家族を迎えに行ったり，安否を確認するために車で出かけ，渋滞に巻き込まれた人が多かったろう。これは幸いに生き延びた人への調査結果だが，車ごと津波に巻き込まれて亡くなった人々は，ずっと多かったに違いない。痛ましい限りだ。

　津波の訓練や研修には，「ほとんど参加した」という人が33％，「参加したことがある」と答えた人が29％で，防災意識の高さをうかがわせた。

　今回の津波の教訓について，自由回答でたずねたところ，「大きな揺れがあったら，すぐに避難する」「ここなら津波はこないという思い込みは危険」「過去の津波経験にとらわれないこと」などの答えがあったという。

　三陸地方では古くから「津波てんでんこ」という言い伝えがあった。津波があったら，他人にかまわず，それぞれがてんでに逃げて自分の命を守れ，という教えだ。だが，家族や肉親，とりわけ家に残るお年寄りを救いたいという思いは切実で，簡単に割り切ることはできない。

　ふだんから，お互いに「てんでんこ」で自分の命を守ることを約束しあうと同時に，自力では逃げられない人をどう救うのか，あらゆる知恵を集めることが大切だろうと思う。

（外岡秀俊『3・11複合被災』岩波書店）

問1　筆者は，津波があった時の状況について，どのように述べていますか。　[15]

1.　避難訓練や研修を受けていた人が少なかった。

2.　三割以上の人が，自分の命を守るためばらばらに逃げていた。

3.　逃げるときに車を使った人は五割を超えていた。

4.　家族や肉親を救うために戻ったことで，被害は抑えられた。

問2　下線部「津波てんでんこ」の意味として適切なものはどれですか。　[16]

1.　災害の過去の体験だけで判断してはいけない。

2.　津波が来たら，すぐに，各自がてんでばらばらに逃げなければならない。

3.　自分で逃げられない人達との避難方法を考えなければならない。

4.　津波から，家族や肉親の命を救うことを考えなければいけない。

14　次の文章を読んで後の問いに答えなさい。

　外国にルーツを持つ子どもたちの問題を考える際に重要な変数となるのが漢字です。中国系のように母語に漢字を持つ漢字圏の子どもたちの場合はそれほど大きな問題にはなりませんが，そうではない非漢字圏の子どもたちの場合は，漢字が日本語習得における大きな障壁となる可能性があります。

　日本語には，漢字，ひらがな，カタカナがあり，さらにアルファベットもかなり頻繁に用いられます。このように（　　A　　）を使う言語は世界中に類を見ません。特に，非漢字圏の外国人をはじめとする言語的マイノリティーにとって大きな障壁となっているのが漢字です。

　漢字が日本語習得の（　　B　　）になるため，漢字の使用を制限／廃止すべきだという考え方は明治の初めから存在します。

　…（略）…

　日本語能力試験は外国人の日本語能力を測る国際的な試験ですが，その試験で中級終了レベルと見なされる旧2級（現行試験のN2）で必要とされる漢字は約1000字です。仮に，日本語を使った言語生活で必要な漢字数が1000字だとしても，母語に漢字を持たない人（非漢字圏日本語学習者）にとって，これは大きな障壁です。

（庵功雄『やさしい日本語』岩波書店）

問1　（　Ａ　）に入るものとして，最も適当なものはどれですか。　17

1.　多種類の文字

2.　多数の漢字

3.　一度に習得できる文字

4.　ネイティブのみが使用する文字

問2　（　Ｂ　）に入るものとして，最も適当なものはどれですか。　18

1.　学習

2.　生活

3.　可能

4.　障壁

15　次の文章を読んで後の問いに答えなさい。

　　身体にとって適切な小ささとは何か。その問題を考えるときに，料理という技術が
参考になる。建築とは一見関係なくも見える，料理における材料の大きさの問題。材
料をいかなるサイズにカットするかがとても参考になる。一片の肉は，自分と世界，
身体と世界をつなぐ媒体である。大きすぎる肉片は，もちろんそのままでは口にはい
らないし，カットが小さすぎても，身体はそれを快く感じない。うまいとは感じない。

　　食材のサイズの問題に対して最も敏感なのは，中華料理である。中華料理では材料
の種類にかかわらず，一つの料理に用いる材料はすべて同一の寸法に切りわけるとい
う大原則がある。たとえば青椒肉絲という一品においては，使われる材料は，牛肉も
青ピーマンも筍もすべて，細長く，千切りに切り分ける。また腰果鶏丁という一品では，
カシューナッツ（腰果）の一粒が，このメニューの基準サイズに設定され，それに合
わせて鶏肉のカットサイズ，野菜のカットサイズが決定される。

　　このようなサイズコントロール，建築の専門用語でいえば材料寸法のモジュール化，
規格化によって，どの食材にも同じように味がしみ込み，どの食材も同じ強さで噛ん
で，食道，胃へとスムーズに流し込むことができる。何も見えない口の中で，食材ご
とに別々の仕方で歯を使い，舌を使うのは難しい。食材の大きさを揃えることで，身
体と世界をスムーズにつなぐやり方を，中国人は長い時間をかけて発見した。中国料
理は，その発見によって，世界一の料理となったといってもいい。

　　　　　　　　　　　　　　　　　　　　　　（隈研吾『小さな建築』岩波書店）

問1　下線部「その発見」とは，どのようなものですか。　　　19

1．中国料理は，味のしみ込み方を適切に考える料理だということ。

2．建築では，材料に適切なサイズと言うものがあるということ。

3．材料は，人と世界をつなぐ媒体であるということ。

4．同じような大きさの材料で作ることが美味しさを高めるということ。

問2　この文章で筆者が最も言いたいことはどれですか。　　　20

1．青椒肉絲をはじめ中華料理は材料の大きさを揃えてある。

2．中華料理は世界一の料理だと言える。

3．料理でも，建築でも，適切な単位のサイズで物を作ることが重要である。

4．料理も建築も，身体と世界をつなぐような材料の質が重要である。

16　次の文章を読んで後の問いに答えなさい。

　一九七〇年の日本人の平均寿命は，男性が約六九歳，女性が約七五歳でした。
…（略）…認知症は，後天的に脳に障害がでて，起こる現象ですが，かつては多くの
人が (1) その前に，他の病気で亡くなっていました。認知症の人が増えているという
ことは，他の原因で亡くなる人が減り，長寿になったことの結果でもあるのです。

　書籍，テレビやインターネットなどでは，認知症の予防について多くの情報があふ
れています。運動や計算ドリルなどをすると，認知症が予防できるようなイメージを
持っている人も少なくないと思います。個人の人生のある時点についていえば，食生
活や運動習慣の改善が発症のリスクを低くすることはある程度，言えるかもしれませ
ん。しかし，それはあくまである時点での話です。

　健康的な生活をすれば，寿命も伸びるとされています。同時に，その人が長生きを
すればするほど，認知症になる確率は高まります。人が生まれてから死ぬまでという
人生でみれば，認知症になる前に別の原因で亡くなるか，認知症になってその後亡く
なるかということになるのでしょう。医療が発達し，感染症やがんといった病気へ対
策がされてきた結果として，長く生きる人が増え，その結果として，人生の最後のほ
うに， (2) 認知症とともに生きるライフステージが出現したということになります。

（徳田雄人『認知症フレンドリー社会』岩波書店）

問1　下線部（1）「その前」について適切に述べたものはどれですか。　　21

1.　一九七〇年代のこと。

2.　認知症になる前の時期。

3.　平均寿命に到達する前。

4.　医療が発達する前の時代。

問2　下線部（2）「認知症とともに生きるライフステージ」の意味として最も適当なものはどれですか。　　22

1.　健康的に生き，病気にならないように気をつける生活。

2.　認知症にならないように医療に頼らなければいけない生活。

3.　認知症にならずに生きることができる生活。

4.　認知症の人が一定の割合でいて，普通のことになっている生活。

17　次の文章を読んで後の問いに答えなさい。

　ところで植物が花を咲かせるのは，一般にタネ（種子）をつくるためだ。タネが芽生えれば個体の数が増える。花を咲かせるのは繁殖活動の一環である。

　とはいえ，繁殖を目的として考えた場合，花を咲かせてタネをつくるというプロセス，いわゆる有性生殖は，けっこう回りくどい営みだ。花弁や雄しべのような花器官は，葉を変形させてつくり出されるものであるし，雄しべにできる花粉や，雌しべにできる胚珠は，減数分裂という特別なやり方の細胞分裂をしないとつくり出せない。さらに受精に際しては，花粉からは精細胞を，胚珠の方では卵細胞を生み出さねばならず，しかもこれらが花粉管のはたらきで互いに接し，受粉して胚とならないと，次世代をつくるには至らない。タネをつくるプロセスもかなり複雑で，胚は果実の中で時間をかけて育ち，葉や茎，根の源をつくり出さねばならない。

　それに比べると，単純に株が増えていくような形の無性生殖は，ふだん通りの生活を続けているだけで個体数が増えていくやり方なので，ずっと楽だ。多年生の植物はみな，そのような無性生殖を使って増えるすべを持っている。株立ちが増えていったり，ムカゴで増えたり，球根が分球したり，これらはみな，無性生殖だ。株が太れば自動的に個体数も増えるので，特別なことをする必要もない。コスト的にもとてもすぐれた繁殖法である。

　その点，花を咲かせてタネをつくるという有性生殖は，無性生殖に比べてたいへんコストのかかる，割高の増え方なのだ。それでもわざわざ有性生殖をする意味としては，保有する遺伝子のセットを取り替えるチャンスを得られること，それによってウィルス病など，どんどん新しい型が生まれてくる敵に対し，対抗できる可能性が生まれること，などが考えられている。逆に言えば，せっかく面倒な過程を経て花を咲かせ，タネをつけるからには，できるだけいろいろな遺伝子の組み合わせをトライしないと意味がない。そこで自分の花の中で受粉をしてはしまわずに，他の花からの遺伝子を受け入れる，他家受粉のチャンスを増やす仕組みが，自ずと生まれてきた。

　自家不和合性，異花柱花性，あるいは雄性先熟などが，それである。

　…（略）…

　この間には，花粉を運ぶ媒介者という存在がある。

　世の中，イネ科のように風によって花粉を飛ばす風媒花も存在するが，多くの植物は動物媒といって，何らかの動物，特に昆虫によって花粉を運搬してもらっている。これら媒介者をポリネーターという。

（塚谷裕一『森を食べる植物』岩波書店）

問1　無性生殖は，有性生殖と比べ，どのような特色を持っているのですか。　23

1.　似たような遺伝子を拒む。
2.　他の植物からの花粉で受精できる。
3.　種子によって増える。
4.　植物にかかる負担が小さい。

問2　植物が有性生殖をおこなう理由として，内容と合っているのはどれですか。　24

1.　遺伝子を他のものと合わせ，新しくすることが可能であるため。
2.　単純で，しかも自分の遺伝子を変える必要がないため。
3.　ほかの花の中で受精することができ，負担が少ないため。
4.　より良い場所で繁殖する方法として有効であるため。

問3　植物の殖え方で，有性生殖として本文中に挙げられているものはどれですか。　25

1.　ポリネーターに花粉を運ばせる
2.　株を増やす
3.　根を増やしていく
4.　球根を分裂させる

第⑩回

（制限時間：70分）

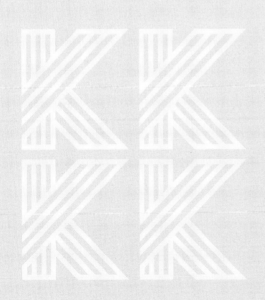

記述問題・説明

　記述問題は，二つのテーマのうち，<u>どちらか一つを選んで</u>，記述の解答用紙に書いてください（テーマ番号を書く必要はありません）。

　文章は横書きで書いてください。

　解答用紙の裏（何も印刷されていない面）には，何も書かないでください。

記述問題

　以下の二つのテーマのうち，どちらか一つを選んで400〜500字程度で書いてください（句読点を含む）。

　①　日本において，「知る権利」は，民主主義の根幹です。そのための報道の自由は，日本国憲法の下，保障されてきました。しかし，マスメディアによる報道には，良い点がある一方で，問題点もあるようです。近年のマスメディアによる報道について，良い点と問題点の両方に触れながら，あなたの考えを述べなさい。

　②　少子高齢化が進んでいる日本においては，外国人を労働者として受け入れ，彼らと共に生活しなければなりません。しかし，日本人が外国人と共に生活することには，良い点がある一方で，問題点もあるようです。日本人が外国人と共に生活することについて，良い点と問題点の両方に触れながら，あなたの考えを述べなさい。

読解問題・説明

　読解問題は，問題冊子に書かれていることを読んで答えてください。

　選択肢 1，2，3，4 の中から答えを一つだけ選び，読解の回答欄にマークしてください。

1　この文章の内容と合うものとして，最も適当なものはどれですか。　　　<u>1</u>

　　よく，出勤前のカフェで新聞を何紙も抱え，食い入るように読んでいるビジネスマンを見かけます。それは，ライバル企業の動向をいち早く知るためでしょう。

　　同じように朝から数紙に目を通す編集者もいます。毎日欠かさずチェックすることで企画のネタが見つかり，ダイレクトに仕事に結びつくのでしょう。

　　このように，大人が新聞を自発的に開くのは，習慣になっているというだけはなく，個々に理由や目的があるからです。

　　なかには，ゆうべ起きた政局の動きや大事件を知らないと「あいつは新聞も読まないダメなヤツだ」と言われ会社で恥をかくので，満員電車で渋々新聞を開くビジネスマンもいると思います。その場合でも「デキないヤツと思われてはならない」と言う立派な理由があるわけです。

　　大人はこうして社会と接点をもちながら，自発的に新聞を読んでいます。それはつまり，受け身ではなく"参加型"で読んでいるということです。

　　子供に新聞を読ませたいなら，親が社会との接点を用意してあげればいいのです。

（樋口裕一『小学生の学力は「新聞」で伸びる！』大和書房）

1.　大人が新聞を読むのは，世の中の仕組みや出来事に興味があるからである。

2.　大人が新聞を読むのは，世の中の出来事を知らないと恥をかくからで，受け身と言える。

3.　大人が新聞を読む時は，様々な理由からではあるが，自発的に読んでいる。

4.　子どもも大人と同じように新聞を読めば，社会情勢に詳しくなり学力が上がる。

2　次のお知らせの内容と合っているものはどれですか。　　　　　　　　　2

学生相談室のご案内

眠れない，食欲がない，なにもする気になれない。友達ができない。
教員との接し方がわからない。自分の性格が気になる……など
このような大学生活で生じる悩みや不安，心配ごとなど，どんな小さなことでも，
学生相談室で相談できます。
「こんなこと相談しても…」とひとりで悩まずに気軽に利用してください。相談内
容などプライベートに関わる秘密は，守ります。あなたが不利益になることは一切
ありません。

※原則予約制ですが，予約がなくても可能な限り対応します。
※日本語で話すのが難しい留学生でも，田中太郎カウンセラーには英語で相談でき
ます。
※相談はひとりでも，友人，家族と一緒でも可能です。
※授業や，テスト，学習の仕方に関するお悩みは「学習相談センター」に相談して
ください。

カウンセリングの日程

火曜日：山田花子カウンセラー　　　　　　　13:00~16:00
木曜日：田中太郎カウンセラー　　　　　　　12:00~15:00

カウンセリングの予約の仕方

大学保健管理センターのホームページにアクセス→学生相談室のページから相談予
約のフォームを入力してください。または，メール（gakusei@soudan.com）にご希望
の日時と相談内容を記入して送ってください。（春休み，夏休み，冬休みの間はメー
ルでの相談のみ受け付けています）

---

1. カウンセラーは日本語のみで対応している。

2. 試験前には勉強のやり方も相談することができる。

3. 大学の休業期間でも相談することができる。

4. カウンセラーとの相談は二時間かかる予定である。

3　葉っぱの形について，筆者が述べている内容と合っているものはどれですか。

3

　樹木の葉は，枝葉全体で面を作って日光を効率的に受け止めていることに気づくと，いろんな葉の形の意味がわかってくる。

　たとえば，左右非対称のゆがんだ葉の形が特徴のアキニレ。1枚の葉だけを眺めると，なんでこんなにゆがんでいるのかと怪訝に思うが，複数の葉がついた小枝を眺めると……なるほど，この形が隣り合う葉のすき間をうまく埋めていることがわかり，個々の葉がゆがんでいることに違和感を感じなくなるものだ。ちなみにこの"ゆがみ"は，羽状複葉の小葉にも同様に見られる傾向である。

　一方で，アジサイ，カシ，シデのように，多くの不分裂葉はほぼ左右対象の形をしている。葉の幅は，ほぼ中央か少し基部寄りで最大になる，いわゆる"普通の形"の葉（楕円形〜卵形）である。例として，右のイヌシデの枝葉を眺めてみると，やはりきれいに面を作っているし，枝がジグザグしていることもそれに関係しているように思える。

（林将之『葉っぱはなぜこんな形なのか？』講談社）

1．葉っぱの形が出だがジグザグしているからである。

2．葉っぱの"ゆがみ"は不分裂葉の特徴であり，アジサイやカシ，シデに見られる。

3．葉っぱの"ゆがみ"はアキニレの特徴であるが，羽状複葉の小葉には見られない。

4．葉っぱの形が多様なのは，重なった葉にも日光を届けるためである。

4　次の文章の内容と合っているものはどれですか。　　　　　　　　　　　4

　総合学習を利用した英語活動に対して，委員の多くはどちらかと言えば好意的だった。議事録を読むと，強硬に異論を挟む委員はおらず，スムースに決まったことがわかる。

　…（略）…

　特筆すべきは，多くの委員が教科扱いされることに強い警戒感を示したことである。それも無理はない。この決定によって小学校教員や保護者の英語熱が暴走し，英語の知識を教え込んだり，技能のトレーニングに勤しむようなことになれば，ゆとり教育の理念を毀損しかねないからである。さらに，英語熱がヒートアップし，全国の小学校が競って英語を導入するようなことになれば，総合学習の理念——各学校が実情に合わせて主体的に学習テーマを設定する——は骨抜きにされてしまう。

　第二小委員会の座長・木村孟（東京工業大学学長）は答申の直前に記者から，子どもの英語力に差が出ることで受け入れ側の中学校に混乱が生じるのではないかと問われ，つぎのように回答している。

（寺沢拓敬『小学校教育のジレンマ』岩波書店）

1.　英語活動と知識・技能のトレーニングを両方行えば，総合学習の理念に近づける。

2.　英語の技能トレーニング等は，総合教育の理念に反するものではないが，そこにばかり焦点を当ててしまうと，その理念を毀損しかねない。

3.　英語の知識や技能のみを追求したトレーニングは，これからの受験戦争で必要となり総合教育と共に必要な教育方法である。

4.　総合教育は，英語活動や情報教育，環境教育など幅広く扱っているが，扱い方次第で難しい問題が起こってくる。

5　次の文章の内容と合っているものはどれですか。　　　　　　　　　5

　こうした動きの背景にあるのは，経済学を含む，さまざまな分野での研究成果の蓄積です。これまでの研究によると，幼児教育は，子どもの知能指数のみならず，意欲，忍耐力，協調性を含む，社会情緒的能力と呼ばれるものを改善し，子どもの人生に大きな影響を及ぼすことが明らかにされてきました。

　幼児教育は子供の発達に好影響，といっても，幼児教育の「効果」とはそもそも何なのでしょうか。科学的研究で測られる「効果」とは，ある幼児教育プログラムに参加した場合と，参加しなかった場合とで比較した，知能指数や社会情緒的能力の差として定義されます。

　たとえば，「保育園通いが子どもの知能指数に与える効果」を知りたいのであれば，「保育園に通った場合の知能指数」と，「通わなかった場合の知能指数」を比較して，その差を保育園通いの効果とみなします。

　ここで気をつけないといけないのは，保育園に通わなかった場合，子どもたちは日中どのように育てられるのかということです。お母さん，あるいはお父さんに育てられる子どももいるでしょうし，おばあさん，おじいさんやその他の親戚に育てられる子どももいます。3歳を超えた子どもであれば，幼稚園に通っているかもしれません。

（山口慎太郎『「家族の幸せ」の経済学』光文社新書）

1．幼児教育は，社会情緒的能力を特別に大きく伸ばす好影響がある。
2．幼児教育は，特別な保育園で行われる，総合教育のことである。
3．幼児教育には，知能指数を特別に大きく伸ばす効果がある。
4．幼児教育は，子供の知能指数や社会情緒的能力に，好ましい影響を与える。

6　下線部「過去の津波災害と比べて状況が違いすぎた」とは，どんなことですか。

6

　津波は街や農地，港を奪うと同時に，生きものの生息地をも激変させた。これが約1100年前に起きたとされる貞観地震であれば，いや，70余年前の三陸大津波のときでさえも，海岸には砂浜や湿地がずっと連続していたため，大部分が破壊されても，生きものが残った場所が点在していたはずだ。そして，本来の生息地の近くにわずかでもそうした場所があれば，生きものたちはそこで命をつなぎ，やがて破壊された砂浜や湿地が回復したとき，本来の棲み処に戻ることができただろう。だからこそ，海岸の生物多様性はこれまで維持されてきた。

　しかし，東日本大震災の場合は，過去の津波災害と比べて状況が違いすぎた。人力ではなく機械化されたことで開発は飛躍的に進み，すでに海岸の湿地は大部分が埋め立てられ，農地や工業用地となっていた。砂浜にはコンクリートの堤防が築かれたうえに，広い帯のようにクロマツが植えられて，砂浜の面積自体が大幅に縮小していた。

（永幡嘉之『巨大津波は生態系をどう変えたか』講談社）

1.　過去の津波の時より開発が進み，生きものが生息する面積が減ってしまった。
2.　過去の津波災害は今回の津波ほど規模が大きくなかったので，被害は小さくてすんだ。
3.　過去の津波災害では，機械化が進んでいなかったので，被害が大きかった。
4.　過去の津波の時には，海岸はそれほど開発されておらず，農地に活用されていなかった。

7　次の文章の内容と合っているものはどれですか。　　　　　　　　　　　　7

　同じ子どもをサービスの対象にしていても，学校図書館と公共図書館は，基本的には主な機能を"すみわけて"きました。前者は，学校における学習活動をサポートすることが第一の目的で，収集するのも学習参考書が中心。また，それらの資料を使って必要な情報を検索する方法をはじめとする「図書館利用教育」を行うものとされています。これに対し，後者は，子どもがたのしみのために自由に行う読書を支えるのが本来の目的とされ，蔵書には，そのための読み物の充実が求められています。前者は，在学する子ども全員をサービスの対象として，集団教育を行い，後者は，自発的に図書館へやってくる子どもを対象に，ひとりひとりに個別のサービスを行うことを重視しています。

（松岡享子『子どもと本』岩波書店）

1.　学校図書館は公共図書館と違い，子どもを対象にしているので蔵書のレベルが低い。
2.　学校図書館には，情報の検索方法など施設の利用法を学ぶ等，集団教育の場という面がある。
3.　公共図書館は学校図書館と違い，大人も子どももたのしめる蔵書を豊富に備えている。
4.　公共図書館はその街に住んでいる子どもを対象に，個別のサービスが行われている。

8　次の文章の内容と合っているものはどれですか。　　　　　　　　　　8

　　『ソクラテスの弁明』（以下『弁明』と略）の中では，訴状の内容について「青年を腐敗させ，国家の認める神々を認めずに，別の新しい鬼神のたぐいをまつるがゆえ」と述べられています。ギリシア哲学の重鎮田中美知太郎の『ソクラテス』によると，訴状はローマ皇帝ハドリアヌス（紀元76年〜138年）の時代まで保存されていたらしく，その頃残っていた文面の内容は『弁明』に見られるものとほとんど変わらないものであるようです。
　　『弁明』でソクラテスは，証拠を挙げながら，訴状の内容がまったく無根拠なものであること，そして告訴の真の動機が嫉妬や中傷にあることを訴えています。

（甲田純生『1日で学び直す哲学』光文社）

1.　ソクラテスは『弁明』のなかで，告発の真の動機について訴えている。
2.　ソクラテスに対する訴状は現存するが，内容は『弁明』に見られるものとほぼ同じである。
3.　ソクラテスは，訴状の内容に根拠がないことを嫉妬したり中傷したりした。
4.　ソクラテスは，「青年を腐敗させ，新しい鬼神のたぐいをまつっている」などの理由で弁明された。

9　次の文章の（　Ａ　）に入るものとして，最も適当なものはどれですか。　　　9

　　上手に話して相手に伝えるには，相手から質問を受けるようではダメだと思い込んでいる人が多い。質問をされるということは，自分の言い方がまずかったからだ，伝わっていないから相手は尋ねるのだと考える。

　　しかし，一人語りが許されるシチュエーション以外，会話は自分の“作品”ではない。相手との共同作業なのだ。質問されて当然だし，むしろ発言と質問はセットと考えるべきだ。

　　…（略）…

　　さらに，質問という餌をまくことで，徐々に相手との距離をつめていける。むこうは質問の回答を得るたびに，「なるほど」と納得し，「それには私も同感だ」と共感する。餌をうまくまければ，質問に答えているだけで，言い分をわからせることができるのだ。

　　「いや，それは違うだろう」と相手が反論したならば，それは説得するチャンスととらえればよい。

　　つまり，（　Ａ　）よく知るための手がかりになる。攻略のヒントと思えばいい。

（樋口裕一『頭のいい人は「短く」伝える』だいわ文庫）

1.　相手への質問は，相手のことを
2.　相手への質問は，自分のことを
3.　相手からの質問は，相手のことを
4.　相手からの質問は，自分のことを

10　次の文章で，レシピコンテストがどうして「ウィンウィンウィン」なのですか。

10

　流行に関してもきわめて感度が高いユーザーを抱えるクックパッドは，クライアントから見れば宝の山である。クライアントは主婦たちの生の声と接しながら「こういう使い方もあったか！」と学び，ユーザーはレシピを考え，競い合い，評価される喜びをおぼえる。

　「主婦は意外と評価される機会が少ないのです」と＊小竹はいう。

　試行錯誤してレシピ作りに励むうち，知らず知らずその商品のファンともなる。その仲介役としてクックパッド社はしっかり利益を得る。きわめて効率のよい収益モデルである。レシピコンテストは一石二鳥ならぬ一石三鳥＊＊「ウィンウィンウィン」の関係といえる。

　…（略）…

　クックパッドの広告で特筆すべきは，その「宣伝臭」の薄さである。

（井出英策『経済の時代の終焉』岩波書店）

＊小竹：名前
＊＊ウィンウィン：関係する双方にとって利益があること

1．レシピコンテストにより，クックパッドの知名度が上がり，新しい調理器具が開発され，優勝者はクックパッドと専属契約を結べること。

2．参加する主婦は周囲から評価されるチャンスを得，家電メーカーは主婦を顧客として取り込み，クックパッドはユーザーを増やすことができること。

3．レシピコンテストをすれば，クックパッドはいいレシピが簡単に手に入り，料理のプロに依頼せずに済み，調理器具メーカーは売り上げを伸ばせること。

4．レシピコンテストに入賞した主婦が周囲から高評価を得，クックパッドの認知度も高まり，広告を載せた家電メーカーの売り上げも伸びること。

11　次の文章を読んで後の問いに答えなさい。

　睡眠中，とくにレム睡眠中はモノアミン作動性システムがオフになることは第3章でお話しした。モノアミン系の神経伝達物質は長く作用していると受容体の感度が低下してしまうことが知られている。それを防ぐために睡眠でときどき，モノアミン作動性ニューロンを停止させているのだ，という説もある。

　また，セロトニンなどのモノアミンは「気分」とも大きく関係している。うつや不安性障害には前述したSSRI（シナプス間隙のセロトニンをふやす薬）が治療薬になる。つまり，モノアミン系の作用が弱まるとうつや不安性障害を（　A　）ということだ。とすれば睡眠には，モノアミン作動性ニューロンを一時的にストップさせることで，モノアミン系の感度を上げるという機能をもっている可能性もある。眠ると，不安だった気分がすっきりすることがあるのは，このためかもしれない。眠りは，あたかも，コンピューターが不調になったときに「再起動」するかのように，脳の機能を取り戻す作用があるのだ。

（櫻井武『睡眠の科学』講談社）

問1　（　Ａ　）に入るものとして，最も適当なものはどれですか。　11

1. 引き起こしかねない
2. 引き起こすことはない
3. 絶対に引き起こす
4. 絶対に引き起こさない

問2　睡眠が「コンピューターの再起動のよう」な働きをするのはなぜですか。　12

1. 体の具合が悪い時も，睡眠をとればコンピューターを初めて起動した時のように，元の健康な体に戻るから。
2. 体の具合が悪い時も，睡眠をとれば，コンピューターを修理した時のように，不調が改善するから。
3. 精神的に調子が悪い時も，睡眠をとれば，コンピューターを起動し直したような回復がみられるから。
4. 精神的に調子が悪い時も，睡眠をとれば，まるでコンピューターを初めて起動した時のようにスムーズに頭が動くようになるから。

12　次の文章を読んで後の問いに答えなさい。

　1900 年のパリ万博にはしかし，1889 年のときのエッフェル塔のように中核となる
モニュメントはなかった。…（略）…むしろ，ここでも再びエッフェル塔が，博覧会
都市パリをシンボライズする役割を担ったと考えたほうがよいであろう。

　また，このパリ万博では，Ｘ線と無線電信が新たな技術として示されたが，新しい
科学的発見の紹介が与えたインパクトは，それまでの万国博に比べると小さかった。
むしろこの万国博が人々に示していったのは，一九世紀を通じて発見されたテクノロ
ジーが，いまや世界に広がり，社会生活のあり方を大きく変容させようとしている現
実であった。

　たとえば電球は，かなり前から知られてはいたが，この博覧会では大量に用いられ，
夜間の会場全体を照らし出した。また，電車や電動式の動く歩道も会場交通のために
利用された。そして，それまでならイギリス，フランス，ドイツ，それにアメリカが
ほぼ独占していたような産業技術を，今や南欧や北欧の国々，そして日本までもが展
示して見せていた。

（吉見俊哉『博覧会の政治学　まなざしの近代』講談社）

問1　この文章で筆者は 1900 年のパリ万博を，どう考えていますか。　　　13

1.　エッフェル塔はなかったが，博覧会都市パリを象徴する役割を担っていた。

2.　新しい科学的発見よりも，既知の技術の普及とそれによる社会の変容が示された。

3.　電球を大量に用いて夜間の博覧会を明るく照らせたため，各国から感謝された。

4.　今まで欧米が独占していた産業技術を，東南アジアなど広い世界に紹介した。

問2　この文章では，1900 年のパリ万博は 1889 年の万博と比較してどうだったと述
べていますか。　　　14

1.　1889 年から約 10 年の間に，英仏独、それにアメリカが産業技術が大きく進展した。

2.　1889 年から約 10 年しか経っていないので，技術面での大きい変化はなかった。

3.　1889 年より技術が進歩し，19 世紀の技術の集大成として評価された。

4.　1900 年は，11 年前と同様にエッフェル塔が最も注目を浴びた。

13　次の文章を読んで後の問いに答えなさい。

　　太子の仏教は，徹底した大乗仏教という点に最大の特色があると言えます。大乗仏教とは，一個人の悟りを求めるのではなく，生きとし生けるもの全体の救済を目標とする考え方です。仏教では，悟りに至る道や方法を，乗り物（乗）に譬えます。太子は＊義疏のなかで，修行の段階や資質に応じて三つの乗り物（三乗）があるという考えを否定し，ただ一つ，誰にも平等な「大乗」あるいは「一大乗」があるだけだという主張をしていますが，それは，まさに大乗仏教的な考えにほかなりません。

　　また，法華経の安楽行品という章に見られる「親近処」という箇所に付けられた注釈は，とくに興味深いものです。「親近処」というのは，修行者が親しむべきものを指すのですが，その一つに静かなところで「常に坐禅」することが推奨されています。しかし義疏では，これに異を唱え，それは「小乗の禅師」の好むことで，人里から離れたところで坐禅をしているより，世間に出てこの法華経を広めるべきだと，真っ向からこれを否定しています。これは義疏のタネ本である法雲の注釈はおろか，法華経本来の説くところとも食い違う独特な解釈です。広く人々を救おうとする大乗仏教の立場からすると，個人の悟りを求める本来の仏教は，救いのために小さな乗り物しか用意しない「小乗」仏教とけなされるわけですが，太子もまさにそのような考え方だったことが分かります。

　　倭国での仏教は，初期の迫害を経て，蘇我氏や皇室に認められ，積極的に奨励される存在になりました。社会を仏教によって文明化し，導こうという時代になった時，小乗仏教ではその要請に応えられません。大乗仏教は統治を助ける手段としてふさわしかったわけで，太子はそこに気づいていたのでしょう。

（東野治之『聖徳太子』岩波書店）

＊義疏：『法華義疏』。聖徳太子が著した法華経の注釈書。

問1　筆者は，聖徳太子の仏教に対しての考え方についてどのように述べているか。

15

1.　仏教とは，一個人の悟りと救済を求める考え方である。

2.　悟りへ至る道には，修行の段階や資質に応じて三つの乗り物 (三乗) がある。

3.　本来の仏教の教えではないので，坐禅をしてはならない。

4.　大きな乗り物に人々を乗せるように、生きもの全体を救済するのが仏教である。

問2　筆者は，「大乗仏教」「小乗仏教」についてどのように述べていますか。

16

1.　日本では最初に小乗仏教が迫害され，次に大乗仏教が伝来した。

2.　聖徳太子は，個人の救いを求める本来の仏教を「小乗仏教」だと批判した。

3.　誰にも平等な「大乗」があるという主張は，大乗仏教的な考えにはならない。

4.　小乗仏教は，社会を文明化し国家の統治を助ける手段としてふさわしかった。

14　次の文章を読んで後の問いに答えなさい。

　　人々の叡智が結集された素晴らしい地下鉄が福岡に誕生した。

　　ところが，重箱の隅をつつくようで申し訳ないが，問題がないわけではない。日本特有の，施設（ハード）は素晴らしいが，サービス（ソフト）は欠けているという点である。車いすの私が一人で乗ろうとすると，改札で駅員さんが私を呼び止め「どちらの駅に行きますか？」と尋ねてきた。

　　私はバリアフリー視察のため来ていたので，どこの駅で降りるかは決めていなかった。また途中下車したり，引き返したり，予定がわからない。そんなこともあって，「どこへ行くか言わなければならないのですか？」と逆に訊き返してみた。

　　すると駅員さんは「安全のために訊いています。私の仕事です」と言う。車いす一人でも，手助けなくなんの問題もなく利用できるのに，そのように設計されているのに，どうして駅員さんに行動を管理・監視されなければいけないのか？

　　「車いすの人は降りる駅を言わなければならないという規則があるのですか？　規則なら私は伝えます」と問い直した。

（木島英登『車いすの旅人が行く』講談社）

問1　下線部「そんなこと」の意味として，最も適当なものはどれですか。　　[17]

1.　視察が目的の旅であるため降りる駅を決めていないこと。

2.　この駅が車いす一人でも利用できるように設計されていること。

3.　せっかくの個人旅行なので，筆者が管理されたくないと思っていること。

4.　どこの駅で降りるか，誰にも決められたくないこと。

問2　この文章で，筆者が言いたいことはどれですか。　　[18]

1.　安全のため，車いすの人は駅員に行き先を言わなければならない。

2.　日本では，ハード面の改善にソフト面のそれが伴っていない場合も多い。

3.　叡智を結集して素晴らしい施設を作ることこそバリアフリーである。

4.　乗客は駅員の指示には従わなければならないが，車いすの人は別だ。

15　次の文章を読んで後の問いに答えなさい。

　細胞質に構造異常タンパク質が蓄積すると，細胞質の分子シャペロンが転写誘導され，蓄積した構造異常タンパク質の修復を試みます。この細胞応答は，歴史的経緯から「熱ショック応答」と呼ばれます。生卵を熱するとゆで卵になるのは，卵内のタンパク質の形が崩れ，さらに凝集して固まったものです。同じように，細胞に熱ショック（平熱プラス5℃の42℃）を与えると，細胞質のタンパク質が優先的に構造異常となります。その修復のために細胞質の分子シャペロンが転写誘導されるので，この現象は熱ショック応答と呼ばれるようになりました。

　つまり，構造異常タンパク質がどこに蓄積するかによって，細胞はきちんと細胞応答を使い分けているのです。細胞質に蓄積すれば熱ショック応答，小胞体に蓄積すれば小胞体ストレス応答と，きちんと棲み分けがされています。両方に蓄積すれば，もちろん両方の細胞応答が活性化されます。賢いですよね。

　じつは熱ショック応答は，小胞体ストレス応答よりも早く，1962年に発見され，その仕組みもいち早く解明されました。

　熱ショック応答で修復される細胞質のタンパク質はみな細胞内にとどまっていて，他の細胞のタンパク質と交流（コミュニケーション）することはありません。熱ショック応答が重要な役割を果たすのは，がん細胞です。がん細胞が増殖するときには，タンパク質がたくさん作られますが，細胞質で正しい立体構造を取れないときには，熱ショック応答を使って修復しながら増殖を続けます。

（森和俊『細胞の中の分子生物学』講談社）

問1　この文章で述べられている「熱ショック応答」とはどれですか。 　19

1. タンパク質の構造に異常があった際，小胞体ストレス応答で熱ショックが起きること。

2. 生卵をゆでると，卵内のタンパク質の形が崩れてゆで卵になること。

3. タンパク質内の構造異常の修復のため，分子シャペロンが転写誘導されること。

4. 修復されるタンパク質が細胞内にとどまらずに他の細胞のタンパク質と交流すること。

問2　下線部「細胞応答を使い分けている」は，どういう状況ですか。 　20

1. 細胞にがん細胞が生じると，熱ショック応答で攻撃しようとすること。

2. 細胞質で正しい立体構造のタンパク質が作れなかったとき，自動的に消失すること。

3. 細胞のどこに異常タンパク質が蓄積するかによって，異なる応答があること。

4. 細胞に異常タンパク質が生じると，細胞が蓄積する箇所を選ぶこと。

16　次の文章を読んで後の問いに答えなさい。

　我々が住むこの世界がどこまで広がっているのか，その広がりの終端にはなにがあるのか，これは古代から人間にとって最も根源的な疑問であったことは想像に難くない。地球が丸いということを知らなかった古代人にとっては，大地という2次元世界がどこまで広がっているか，すなわち「地の果て」からして大きな謎であった。

　古代人の地球観としてよく見かける絵では，平らな円盤の上に大地と海が存在しており，その円盤の端では海水がザーザーと奈落の底に落ちていく。そうではなく，大地に果てなどはなくて地面が平面として無限に広がっていると考えることもできるはずだが，そういう古代の想像図はあまり見かけない。この大地は無限に広がるのではなく，どこかに果てがあるはずだと考えたくなる人間心理を反映しているのかもしれない。

　やがて地球は丸いということが認識されるようになり，大地という2次元世界は無限に広がっているのではなく，有限の表面積を持っているが，一方で果てや境界などはない球面であるということになった。

（戸谷友則『宇宙の「果て」になにがあるのか』講談社）

問1　下線部「そういう古代の想像図」とはどのような図ですか。　21

1.　地には果てがあり，その果てで海の水が奈落に落ちていく絵。
2.　地球が丸く描かれ，地表は有限であることがわかる図。
3.　平らな円盤の上に大地と海が存在している絵。
4.　地面の平面がどこまでも広がり，果てがない図。

問2　本文と合っているものはどれですか。　22

1.　古代人は大地がどこまでも広がっているとは考えず，「地の果て」があると考えた。
2.　古代人は最初から，「地の果て」より「宇宙」に興味があった。
3.　古代人が「地の果て」があると考えたのは，円盤の絵を描いた人の影響である。
4.　古代人が「地の果て」があると考えたのは，地の果てを見た人がいたからである。

17　次の文章を読んで後の問いに答えなさい。

　銀行員は人件費が高いことを常に念頭に置いておきたい。もともと高給でなければ、人気にはなりにくい職業だろう。

　銀行員は時間を使うと、その時間のコストを回収しなければならない。彼らの人件費が高いということは、大きな金額を回収しなければならないということだ。そして、この回収は、顧客から儲けることによって行う以外に方法がない。

　しかし、時間を使った全ての顧客から十分な回収ができるとは限らないのだから、あなたが銀行で商品を購入する時の手数料には、銀行員が他の顧客から回収し損なった時間のコストが含まれているかも知れない。

　正社員の銀行員には、年収が1000万円を超える人が珍しくないが、年間250日働き、一日8時間労働で計算すると（実際には銀行員はもっと長時間働いているが）、年収1000万円の人の一時間当たりの時給は5000円になる。銀行としては、その3倍位は稼がなければならないから、銀行から見た「銀行員の時間のお値段」は相当に高いと覚悟しなければならない。

　この点で注意が必要なのは、銀行員と「相談」することだ。相談に時間を使う以上、銀行員はそのコストを回収しなければならない。すると、相談が、実質的には商品やサービスのセールスの場に変わる。

　人間の心理として、親切に話を聞いてくれたり、自分のために時間を使ってくれたりした人には、ある種の心理的「負い目」（感謝もその一種だ）を感じるものだ。加えて、相手はプロの金融マンなのだ。侮ってはいけない。

　筆者は、たとえば銀行が用意してくれる「無料相談」に行くことにも強く反対する。「タダほど高いものはない」という格言は、まさに、こういうものに気を付けろと言っているのだ。

（山崎元『信じていいのか銀行員』講談社）

問1　筆者は，銀行員の年収についてどのように考えていますか。　　23

1.　銀行員の年収が高いのは，人件費を回収しなければならないためである。

2.　銀行員の年収を時給に換算すると 5000 円になるが，実際にはもっと高額だろう。

3.　銀行員の年収が高いのは，そうでないと人材を集めにくいからだと思われる。

4.　銀行員の年収が高いといっても，一流大学を出たエリートには当然の金額だ。

問2　下線部「タダほど高いものはない」は，具体的にどういう意味ですか。　　24

1.　無料だと思って安心していると，後で「高い」金額を請求されてしまうことがある。

2.　無料だから相談したのに，申し訳なさから商品やサービスを購入してしまい結果的に「高い」支出になってしまう。

3.　無料で相談にのったのに顧客が何も買わないと，銀行員の給料から差し引かれるので銀行員にとっては「高い」支出になってしまう。

4.　無料相談で何かを購入する顧客は少ないため，時給が高い銀行員の時間が無駄になって，銀行にとって「高い」支出になってしまう。

問3　筆者が最も言いたいことはどれですか。　　25

1.　銀行員は自分の高い給与分を稼ぐ必要があるため，顧客より自分の利益を優先するので，彼らからの助言は，あまり信じるべきではない。

2.　銀行員は高い給与をもらういい仕事だと思われているが，実質労働時間が長く労働環境もよくないので，就職する前に考えた方がいい。

3.　銀行員は高い給与をもらっているが，それだけ稼がなければならず，ストレスが大きい。

4.　銀行員は有能だが，無料相談室に配属される人は激しい競争に敗れた人なので，彼らの助言は信用できない。

記述・解答

第1回予想問題　解答・解説

解答

出題形式	解答番号	正解
1文1問	1	③
	2	①
	3	②
	4	③
	5	①
	6	④
	7	③
	8	④
	9	④
	10	③
1文2問	11	②
	12	④
	13	②
	14	④
	15	③
	16	③
	17	①
	18	①
	19	③
	20	②
	21	①
	22	④
1文3問	23	②
	24	③
	25	③

解説

1 「チケット代」に，「一部と二部それぞれ同じ値段」とあるので，選択肢の中の「共に」（＝両方とも）出席すると，一人で1500円×2＝3000円となる。

2 2行目に「漢字ではなく記号として扱われたり」とあり，5行目に「歴とした中国産の漢字である」と書いてある。

3 5〜6行目に「〜哲学は学問というよりは，〜」，そして「社会構築の理念として掲げられてきたもの」とある。

4 8行目に「〜それだけ“目”が恋の入り口になりやすいわけで，〜その本能をムダにする手はない」とある。そして13行目から最終行にかけて，「日常の行動半径をほんの少し広げてみればいい」と書いてあり，出会う機会を増やすように勧めている。

5 2「家事労働に男性も参加〜」，3「国の財源が足りなくなった〜」，4「外国からの家事労働〜」はいずれも書かれていない。6〜8行目に「少子高齢化によって，〜女性の社会進出〜」とあり，「〜国が直接現金を給付するだけでは立ち行かなくなった〜」（＝国がお金を与えるだけではうまく行かなくなった）と書かれている。

6 11行目から最終行にかけて，「〜本来の場所に向かうから〜このことが「重さ」や「軽さ」の起源である〜」と書いてある。

7 7〜8行目に「成熟した後にしか，〜。それが，〜プロセスの仕掛けである。」とある。

8 8行目に「デジタル環境で新聞が〜」とあるのは紙媒体のことではなく，デジタル媒体のことを述べている。続けて「〜誤報防止に力を注ぐより，誤報を早期に発見し〜」と書いてある。

9 この法律は1986年に施行されたが，4行目「これは当初は努力義務であるにすぎず，〜1997年の改正で〜禁止事項となった。」とある。また，8行目「均等法の成立以前は，〜女性の働き方は限定的なものであった。」と書いてある。

10 2～3行目に書いてある。選択肢 c は 10～11行目「～骨をもってかじりつくしかなく，初デートで食べたくない～」とある。選択肢 d は 1～2行目「～手羽先～「く」の字型の下半分，「ヘ」の～右半分～」とあり，手羽先の一部分であることが説明されている。

11 選択肢 1「～一人だけ世話をした」かどうかわからない。選択肢 3「両親で一人ずつ面倒をみようとした」とは書いていない。選択肢 4「子供に暴力をふるう恐れがあった」かどうかわからない。

12 6行目「内縁男性に嫌われたくないという理由から」とある。

13 11～13行目「緊急性が高いことであっても～（上司は）忙しそうでとても耳を傾ける余裕なんてない～」とある。選択肢 4 は「メンバーの意見」ではなく「メンバーからの報告」である。

14 15行目に「それ以上に好ましくないことがあります。」とあり，続けて「メンバーが組織に愛着を持てなくなっていく～」と書いてあります。

15 選択肢 1「飛躍的に発展する」かどうかは話題になっていない。選択肢 2「絶滅」という極端なことまで書かれていない。選択肢 4「安全」とあるが，腐生植物の外敵の話について書かれているわけではない。

16 9行目「腐生植物にとってよい森とは，～」とある。

17 12～14行目「子供が家に帰ってきたときに，～。親が「へえ，そうなんだ」と聞いてやるだけで，～」と書いてある。

18 20行目「本音の話し合い，腹を割ったコミュニケーション～」とある。

19 選択肢 2「野生動物に対する恐怖」とまでは書かれていない。また 5行目「動物を擬人化してしまうことが問題となる」と書いてある。

20 選択肢 3「～決してなく」とまでは書いていない。

21 7行目，「～という観点でとらえると」，「大きな」ものが「逆に」どうなるのか，合うものを選ぶ。大きいものは当然目立つはずだが，反対にどうなるのか考える。

22 下線部を含む文の直後の文で「～女性の入賞者の比率が～」と書いてある。

23 3行目「自傷行為はトラウマ反応～対処でもあります」とある。

24 13行目に「実際には～一人でこっそりとなされて～」とある。

25 下線部の「演技」とは文字通り他者に見てもらうために行う行為のことである。また，11行目に「誰かの気を引く行為，～と思われがちです」とも書いてある。

記述問題1　解答例

　　ゆとり教育は学校の授業数を減らし、成績のランク付けを緩やかにした。そのことで生徒はストレスなく学ぶことができ、さらに部活動や趣味活動、習い事に取り組めるようになった。生徒の経験や思考も重視され、生徒は自分の個性を大切にしてのびやかに成長することができた。

　　問題点は学力が大幅に下がったことである。小学校で円周率3.14を3と簡略化して教育すれば計算能力が落ちるのは当然だ。大学生なのに小学生の算数がわからないといった事態も現れている。ゆとり教育は確かに自由な時間を生んだが、それはすべての生徒が自分のペースで学習することを意味しない。経済的に豊かな家庭は学力不足を補うため子供を塾に通わせるが、貧困家庭ではそれもできない。こうして生徒間で学力の差がついた。

　　また生徒は無条件に個性が尊重されたことで、物事の是非や適切・不適切の判断もできなくなった。この世に絶対的な悪というものはある。それを無視して自由に考えることが許されると常識が身につかなくなる。

　　概してゆとり教育は、いい面もあるにせよ、悪い面のほうが大きく、失敗と言わざるを得ないのである。

記述問題2　解答例

　有償ボランティアは交通費や滞在費などの実費が支払われるものである。海外などの遠隔地で活動する場合、必要な費用を参加者が全て負担するのは難しい。かといって完全に無償にすると人手不足に陥る。そこで活動母体が一般市民から寄付を募り、集まったお金でボランティアの人に実費を支払うのである。少額の賃金が支払われることもある。つまり有償化は運営団体が社会貢献活動を続けるために行われるのだ。

　問題点は正式な雇用とボランティアの境界が曖昧なところである。雇用ならば運営団体は最低賃金を保証しなければならないが、有償ボランティアはその限りではない。悪徳団体ならばこれを利用して人を安く使おうとするだろう。不景気で失業率が高いときは特にこうした団体が賃金をエサにして労働者を募る。不当な待遇や労働環境であっても、ボランティアという性質上、団体には問題がないことになる。有償ボランティアが労働基準法の抜け穴と言われるゆえんである。

　活動規模の大きなボランティアは別として、小さなボランティアの場合は有償を廃止して小労働との線引きを明確にしたほうが良いと思う。

第2回予想問題　解答・解説

解答

出題形式	解答番号	正解
1文1問	1	①
	2	④
	3	②
	4	④
	5	①
	6	①
	7	②
	8	③
	9	②
	10	③
1文2問	11	①
	12	④
	13	④
	14	③
	15	①
	16	④
	17	②
	18	③
	19	②
	20	③
	21	②
	22	④
1文3問	23	②
	24	①
	25	②

解説

1 選択肢2「携帯番号を交換」，選択肢3「9月1日から」，選択肢4「12分間の国際電話代は1200円」がそれぞれ間違っている。

2 選択肢1「極寒」，選択肢2「強い意志」，選択肢3「すべて」がそれぞれ間違っている。7行目〜最終行にかけて，選択肢4の内容が書いてある。

3 11行目に「社長が「花見の場所取りをしてくれ」と言えば，社員は断ることができない」と書いてある。

4 7〜8行目に「どうして未来への希望にあふれているはずの若者が，こんな悲壮な覚悟で社会に出ていかなければならないのでしょうか。」と書いてある。

5 15〜16行目に「近しい人には，時間を空けずに思ったことをすぐに伝えてしまいがちだが，相手にはこころが存在する」と書いてある。

6 7〜8行目に「縄文人も弥生人も生きるために食べていて，楽しみとして食べていたわけではなかったと思われる」と書いてある。

7 選択肢1「自ら」，選択肢3「正社員」，選択肢4「倫理的」がそれぞれ間違っている。6〜7行目に「景気の変動に応じた雇用量の調整は，〜非正社員で行う」と書いてある。

8 （A）で選ぶのは難しいが，（B）に関しては10行目に「個人の能力と努力だけの産物というわけではない」，12行目に「女性の背景にある親の階層性による差別」と書いてある。

9 11行目〜最終行にかけて，「せっかく子供と関わっていても，頭の中では他にやりたいことや，次にやらなければならないことばかりを考えて〜」と書いてある。

10 6〜8行目に「草食動物が苦みに対して鈍感なのは，普段食べている植物に〜」と書いてある。

11 （A）の後に「玉石混淆」の説明があるので，2（理由），3と4（逆接）はおかしい。

12 6～7行目に「いったん本で，編集された順序，あるいは体系を身につけておくと，それが一つの基準になり，～」と書いてある。

13 11行目に「数の捉え方は人によりけりで，そこには客観的で皆が共有できる基準があるわけでない」とあり，最終段落にも再度，選択肢4の内容が書いてある。

14 選択肢1「中立的」，選択肢2「客観的」，選択肢3「同じ」がそれぞれ間違っている。18行目に「フレーミング（効果）といって，数字の「出し方」も問題です」と書いてある。

15 直前の文に「するすると中身が頭に入ってきて，そして出ていく」と書いてある。

16 15行目に「広く浅く小さな（＝雑多な）知識を仕入れていくと，ものごとを俯瞰して捉える（＝幅広く見る）ことができるようになってくる」と書いてある。

17 11行目にヒョウタンの長所が書いてある。選択肢1「様々な形」，選択肢3「食料を保存できる」，選択肢4「美しいくびれ」が，長所としては書かれていない。

18 2段落目にヒョウタンのかつての用途が書いてある。選択肢1「椅子」，選択肢2「木製品」，選択肢3「武器」がそれぞれ間違い。

19 3～4行目に「理解不能な現象をわかりやすく説明する～」とある。

20 17行目～最終行にかけて，「自分は他者とどう関係しているのか，～自分の場所を知りたいと思っている」と書いてある。

21 選択肢1「外交人労働者が減り」，選択肢3「ロボットのほうが得意」，選択肢4「市場を独占できる」がそれぞれ，そのようには書いていない。

22 2段落目に，「頼りになるのはロボットだ。～といった分野でもロボットが活用されるようになる」と書いてある。

23 14行目に「ニオイの方向へ徐々に近づいていき，視覚で獲物を確認したら，一気にさらいます」と書いてある。

24 すぐ後の文に「動物の嗅覚は自分の生命を守り，～」と書いてある。

25 選択肢1「獲物」，選択肢3「蛾やサケ」，選択肢4「嗅覚の力だけ」がそれぞれ間違い。9行目に「風が強すぎたりまったくない日は巣に帰らず」と書いてある。

記述問題1　解答例

　個性とは自分らしさであり、その人特有の考え方や価値観の総体である。個性を発揮することはありのままの自分で生きることと同じであり、独自性を主張することでもある。その生き方は本人にとって心地よいものであろうし、また性格上の長所は周囲の人にもよい影響を与えるだろう。しかし個性は欠点をも含んでいるから、他者に迷惑をかけることにもなる。また強い自己主張をすれば、仮にその意見が正しくても、相手が傷ついたり不快感を覚えたりする。そこで個性を完全発揮するのではなく、周囲にプラスのものをもたらす特性を取捨選択し表現することが求められてくる。これが協調性である。

　注意すべきは、自己を殺して周囲に迎合することが協調性ではないということだ。それは本来持っている良さを台無しにすることであり、自分ばかりか社会にも不利益となる。自分の個性と他者の個性を同じくらい大切にすることが協調性なのだと思う。例えば自分の主張を控えめにして他者の話を聞く耳を持てば、相手が自分独自の意見を語る余地が生まれる。

　自他がともに程よく個性を発揮することが協調性に繋がっていくと考える。

記述問題2　解答例

　手紙もメールも自分のペースで書き、送るときも相手の都合を考えなくてよい。受ける側もまた任意のタイミングで読み、返事を書くことができる。このように時間の制約を受けないのが手紙やメールの長所だ。しかし急用のときは使えないし、表現によっては誤解が生まれる恐れもある。

　一方、直接会って話をする方法では、リアルタイムで考えを述べ、相手の言うことを理解せねばならない。ここには自分のペースというものがなく、話すのが苦手な人や理解力が低い人は不利になる。長所は急用のときでも確実に伝達ができ、誤解があってもその場で訂正や補足説明ができることだ。また笑顔を見せて好意を伝えたり、相手の表情を見て真意を読み取ったりと、非言語的なコミュニケーションができるのも対面ならではの利点だ。

　それぞれに長所と短所があり、どちらが優れているとは一概に言えない。問題は状況に応じてどう使い分けるかだと思う。重要なお願い事をしたい場合は直接会って話をしたほうが丁寧だし、効果的だ。逆に小さな用事なら緊急性もないならメールで十分である。

第3回予想問題　解答・解説

出題形式	解答番号	正解
1文1問	1	①
	2	②
	3	③
	4	④
	5	②
	6	①
	7	④
	8	④
	9	②
	10	①
1文2問	11	①
	12	③
	13	③
	14	④
	15	②
	16	④
	17	①
	18	③
	19	②
	20	③
	21	③
	22	②
1文3問	23	①
	24	①
	25	④

解説

1 直前に「人間は，広がることを“良”とする感覚がとても強い。〜」と書いてある。

2 9行目に「前日の食事は午後10時までに済ませてください。」と書いてある。

3 2段落目に「これが意味しているのは，〜知的なスキルが高いだけでなく，<u>他者との協力</u>に基づく（＝チームで行う）課題解決〜についても，〜最上位クラスである」と書いてある。

4 5行目に「狂い咲きでは，〜秋に休眠が解除され，〜」，7行目に「休眠することができず秋に咲く」，11〜12行目に「毎年狂い咲きをする桜は，〜発芽が休眠する仕組みが正常に働いていない」と，何度も「狂い咲き（＝返り咲き）」は「休眠」に関係があると書いてある。選択肢3「冬桜」は栽培品種の名前であり，一般的な呼び方とは書かれていない。

5 2段落目に「太陽光発電システムを長持ちさせるためには，日常的な点検やメンテナンスが非常に重要になってくる。」と書いてある。

6 7〜8行目に「低位の欲求が満たされると，より上位のものへと向かって，段階的・向上的に欲求の質が変化していきます。」と書いてある。

7 9〜11行目に「確認申請を通っている〜」「耐震基準を満たしている〜」「いずれも絶対的な安全を保障するものではない。」と書いてある。

8 最後の文に「自分の感情を伝えるちょっとしたマジカル・フレーズやマジカル・ワードを加えると，相手の受ける印象がぐんとよくなります。」と書いてある。

9 5〜7行目に「変わるのは，自然が本来持っている変動する性質のためもあれば，〜これらを指して気候変動といいます。」と書いてある。

10 直前の文に「このような性質を利用した技術を<u>発酵</u>という。」と書いてある。

11 7〜10行目に「ヨーロッパは当時，〜海外植民地を巡って争いつづけていました。〜ヨーロッパ諸国は，アフリカから（海外植民地に）連れてきた奴隷たちを酷使して収益を上げることに腐心していたのです。」と書いてある。

12 最後の文に「当時は砂糖などのライバル作物を選択する国が多数派だったのです。」と書いてある。選択肢1「オセアニアと東アフリカから始まった。」とは書いていない。

13 5行目に「海外では，自動販売機はあっても，〜屋内です。」と書いてあるので，その反対の「道端（＝屋外）に自動販売機がある」が正解。

14 12〜13行目に「日本の自動販売機は，〜。もし，壊れていても連絡先がちゃんと書いてあって，お金を取り戻すことができます。」と書いてある。

15 11〜12行目に「現代の日本の医療の主流になっているのが対症療法です。しかし，これは病気を治そうとする体自身の反応を抑え込む，〜治療法と言えるでしょう。」と書いてある。

16 直前の文に「症状を消すことを治療だと考えると，薬を使えば使うほど，症状は消していながら，病気の本質が悪化することになるのです。」と書いてある。選択肢3「新たな病気」とまでは，書いていない。

17 直前の文に「植物の方が菌類に栄養をとられすぎている場合，そこからさらに腐生植物が菌類から余計に栄養をとってしまうと，」とあり，植物と菌類，菌類と腐生植物との関係について書いてあることがわかる。

18 「かつかつの状態で暮らしている森は，しばしば荒れた感じがする」とあり，よくない状態だとわかる。選択肢3だけが，よくない状態を説明している。選択肢1.2の内容は14〜16行目に，選択肢4は6行目に，よい状態であることが示されている。

19 直後の文に「「スティグマ」とは，他者や社会集団（＝周囲）によって個人に押しつけられた負のレッテル（＝マイナスの印象）を意味し，」と書いてある。

20 7行目に「特に，社会の偏見が強い生活保護制度や利用者にはスティグマが伴います。」とあり，続けて，「こうしたスティグマをさらに強化したのが，〜「生活保護バッシング」でした。」と書いてある。この「生活保護バッシング」とは，その後に説明している報道のこと。

21 3行目に「対になる塔（＝ツイン・タワー）は，本来，入り口や門としての機能を意味していた。」と書いてある。

22 9行目に「ヤマサキ自身，WTCの広場設計に際して，ヴェネチアのサン・マルコ大聖堂の広場を意識したと述べている。」と書いてある。選択肢4は，12行目に「ヤマサキは〜目印としての意味を込めたのかもしれない。」と書いてあるので，間違い。

23 直前の文に「塩切れ」という言葉がある。13行目に「自然海塩は，植物がつくり出したミネラルの固まりです。」と書いてあるので，「塩切れ」に最も近いのは「ミネラル不足」だとわかる。

24 10行目に「自家製の薬（酵素）」とあり，11〜12行目に「その酵素をつくるためにはミネラルが欠かせないのです。〜。自然海塩は，植物がつくり出したミネラルの固まりです。」と書いてある。

25 最後の文に「せっかく自然海塩をとっても，砂糖を使ったり，甘いものを食べていたのでは，帳消しですので，気を付けてください。」と書いてある。選択肢3については，21行目に「化学調味料などまったく不要です。」と書いてあるので間違い。

記述問題1　解答例

　少子化問題の背景にはまず未婚化の進行がある。先進国では非正規雇用の労働者が増えているが、収入が少なく不安定になると人は生活で精いっぱいになり、結婚どころではなくなる。晩婚化が進んでいることも少子化の理由だ。昔は若いうちに結婚するのが一般的だったが、時代とともに価値観が変わり、今は独身時代を長く楽しんでから結婚しようとする人が多い。年を取ってから結婚すると、体力や健康や経済状況を考えて出産・育児をすることになり、子どもを一人しか生まない家庭も自ずと増える。

　男女平等が推進され、女性の社会進出が進んだ結果、恋愛や結婚よりも仕事を優先する女性が出てきた。結婚しても仕事に影響するからと敢えて子どもを作らない女性もいる。

　結婚はさまざまな要因に左右されるが、最も大きなものは経済的要因である。したがって、この問題の取り組みとしては、子どものいない既婚者に対して、出産・育児がしやすい環境を社会や職場が作ることが、もっとも早く効果が期待できると思う。保育園の設置、子どもを持つ家庭への経済的支援、職場の産休・育児休暇への理解など、当事者の声を反映した具体的な対策が必要である。

記述問題 2　解答例

　テレビ番組の内容は子どもに多かれ少なかれ影響を与える。道徳に反するような番組を見て、子どもが真似をしてしまうことはよくある。視聴者が成人なら、真似はしないまでも不愉快にはなる。情報と娯楽の提供がテレビの役割であることを考えれば、悪影響や不快感をもたらす番組は規制されてしかるべきだ。

　そこで市民団体がテレビ局に対し規制をかけ、健全な番組を作ってもらうように働きかけている。ただし規制が過度になるとテレビ局は自由な発想で番組を作ることができなくなる。規制をクリアしても、スポンサーや視聴者から抗議が来ることがある。これも一種の規制だといえる。

　規制が厳しすぎるとテレビ番組はどれも似たり寄ったりになる。特徴がなく面白みがないから、テレビから離れてネットの動画を見る人が増えていく。規制は大切だが、行き過ぎると放送文化そのものを萎縮させてしまう。

　とはいえ適切な規制の基準を定めるのも難しい。したがって無難なものはテレビで、過激だが面白いものをネットで流すという対策がよいのではないか。

第4回予想問題　解答・解説

解答

出題形式	解答番号	正解
1文1問	1	③
	2	④
	3	①
	4	④
	5	②
	6	③
	7	③
	8	①
	9	③
	10	②
1文2問	11	②
	12	①
	13	①
	14	④
	15	③
	16	③
	17	②
	18	④
	19	①
	20	④
	21	①
	22	③
1文3問	23	④
	24	①
	25	③

解説

1 最後の文に「それらは何か「絶対的なもの」から私へのメッセージだったとさえ感じてしまうのだ。」と書いてある。

2 「服装は自由」と書いてある。選択肢1は、王さんはシニアの部なので14:30～15:30に発表。選択肢2は、9月20日はスピーチコンテスト前日。選択肢3は、ジュニアの部とシニア

の部ともに最優秀賞1名・優秀賞2名で入賞者は合計6名。

3 1行目「ゴボウに含まれるポリフェノールはサポニンと呼ばれます。」とあり、さらに、7行目「ゴボウを食べるということは、腸内の脂肪分が中和されることを意味します。」9行目「ゴボウを食べることで、ダイエットはもちろんのこと、～効果が期待できる」と書いてある。

4 7行目に「老人は自分に都合のよいことや楽しいことしか覚えていない」と書いてあり、それを言い換えると、「（老人は）自分に都合の悪いことを忘れる」となる。

5 最後の文に「「ルール化されていないが、他者に実害が及ぶ」行為についても、たいていはじっと我慢する。」と書いてある。

6 7行目に「日本の半導体は急速に競争力を失っていく」とあり、さらに、最後の文に「今でも日本の半導体関連企業が圧倒的な影響力を有している。」と書いてある。

7 5行目に「無為無策のまま空き巣や火事が発生した場合の原因は自己に帰属します。」と書いてある。

8 3行目に「生物が誕生したのは約38億年前と考えられていますが、その頃の地球には酸素はありませんでした。」と書いてある。

9 7行目に「パンダの消化管内から、他の草食動物の腸管内に生息しているのと同じセルロース分解菌が発見され、タケ食で生きていけるメカニズムが解明されたのだ。」と書いてある。

10 3段落目に「「左遷」の結果，別の人生が開ける。いろいろな経験を積むことができると捉えればいいでしょう。」と書いてある。

11 2行目に「浮世絵の主体をなす版画のもつわかりやすい美しさ」とあり，最後の文に「造形的に明快な美しさをもつ一方で，浮世絵の鑑賞にはかなりの知識が要求されるという一面ももっている。」と書いてある。

12 2～3行目に「浮世絵の主体をなす版画」と書いてあるので，版画以外の浮世絵もあるということ。選択肢2「掘りと摺りという技術的観点で研究するのが浮世絵の版画だ」とまでは書いていない。

13 3行目に「そのクラシック音楽の情報は，実は唯一楽譜の中にしか無い。しかし楽譜とは一葉の紙に書かれた記号であって，」と書いてある。

14 9行目に「オリジナルな楽譜を前にゼロベースで向き合ってみる。」と書いてある。ゼロベース（zero-base）とは，物事を最初から始めることである。

15 4行目に「「清潔」という概念を一番強烈に意識しているのは，日本人です。」と書いてある。

16 1行目に「～シェアするのはいいんだけど，直箸で大皿やお互いの料理を取るのは抵抗がある。」とあり，さらに，9行目「そもそも，家族同士でもずっと取り箸を使ってきたので，親しくなることと，直箸になることは関係がないのです」と書いてある。

17 12行目に「乾けばまた墨色が変わり，深みのある濃墨，また軽やかな淡墨に。」と書いてある。

18 最後の段落に「その魅力については，ことばを尽くすより見るのが早い。」と書いてある。

19 2行目に「いかつい顔や歯から受けるイメージや，魚独特の表情のなさが私たちに冷徹な印象を与えているのかもしれません。」と書いてある。

20 10～12行目に「サメから見たら人間は得体の知れない存在です。サメも人間をこわがっているのかもしれないです。」と書いてある。

21 6行目に「親切にしてもらったお返しに，その人に御礼をしなければならないという心理」と書いてある。

22 9行目に「お客様に真に喜ばれる営業マンとは，「本当のことを話す営業マン」である」とあり，さらに，最後の段落にも，選択肢3の内容が書いてある。

23 13行目に「絵がうまくなってほしいからとむりやり幼い子どもに写実的な描き方を強いるよりも，認識面の発達を待つことが必要なようだ。」と書いてあり，そこから，「子どもは，認識面が未発達であるために，写実的に描けない」と読むことができる。選択肢3は「選べない」とは書かれていない。

24 13行目に「絵がうまくなってほしいからとむりやり幼い子どもに写実的な描き方を強いるよりも，認識面の発達を待つことが必要なようだ。」と書いてある。

25 16行目に「顔は正面を向いているのに身体は横を向いているような，身体解剖学を無視したような絵。」，19行目に「重要な人物を中央にすえて，遠近法を無視して異様に大きく表現すること。」と書いてある。

記述問題1　解答例

　　インターネット掲示板の良い点は、自由に意見が発表できるところである。テレビや新聞などの伝統的メディアでは規制の範囲内でしか意見を述べられないので、ネットは真に自由な表現空間を人々に提供していると言える。また匿名性も長所の一つだと思う。自分の素性を明かさなくてもいいからこそ権力者への批判ができるし、誰にも明かせない悩みもネット掲示板でなら打ち明けられる。

　　問題点は、規制がないために何でも書き込んでしまえることである。個人が感情のままに事実無根の文章を書き、多数の人がそれを真に受けて同じような文章を書けば、事実らしくなってしまう。また匿名性は特定の個人への誹謗中傷を容易にする。掲示板の書き込みに法的な規制がないことがこうした事態を招いている。

　　上述の長所と短所は表裏一体である。自由と匿名性を正しい目的で生かすなら、ネット掲示板は自己表現の重要な場となる。しかし現実には掲示板を悪用する人が多く、社会問題になっている。掲示板の長所を保護するためにも、書き込みに一定の制限を設けるなどの整備を急いだほうがよいと思う。

記述問題2　解答例

　建物内で全面禁煙する利点は、非喫煙者が副流煙を浴びずに済むようになることだ。受動喫煙がなくなれば健康増進に繋がる。飲食店の場合はこれに加え、料理の味や匂いをタバコの煙から守ることができる。喫煙所を撤去すれば、そこにサービスカウンターや店舗を設置し、サービスを充実させることもできよう。

　問題点はタバコを吸う人の居場所がなくなることだ。アルコール飲料を飲むとタバコを吸いたくなる人も多いが、禁煙の実施はそうした楽しみを一方的に奪っている。社会では喫煙が無条件で悪いことだと見なされているが、全面禁煙の場所で喫煙しても逮捕されることはない。それは行政上の罰則に該当するが、決して法律違反や犯罪ではない。健康を重視するあまり喫煙者を排除するのは行き過ぎだと思う。それに全面禁煙によって喫煙者が飲食店やデパートに出掛けなくなれば、店側も損失をこうむることになる。

　タバコが有害なことは言うまでもないし、健康も大切だが、非喫煙者の立場も考慮した施策が望ましいのではないか。私は全面禁煙ではなく分煙を徹底したほうがよいと思う。

第5回予想問題　解答・解説

解答

出題形式	解答番号	正解
1文1問	1	②
	2	④
	3	②
	4	③
	5	①
	6	③
	7	④
	8	④
	9	①
	10	②
1文2問	11	①
	12	④
	13	③
	14	①
	15	③
	16	②
	17	①
	18	②
	19	④
	20	①
	21	④
	22	④
1文3問	23	①
	24	④
	25	①

解説

1 最後の行に「だがここでは，ごく一般的な流通経路を取り上げる。」と書いてあることから，その前に書かれている「近年は，卸売市場を通さずに，～直送したりするサービスも増えている。」という文の反対の内容が正解。選択肢3：「トラック輸送」は「流通経路」ではなく，運搬の方法。

2 「資料室の予約は，電話または，大学ホームページから常時受け付けています。」と書いてある。

3 2～3行目に，「接木とは，増殖したい親木から穂木と呼ばれる枝を採り，台木となる木につなぎ合わせて成長させる手法である。」と書いてある。

4 最後の段落に「アタッチメントの関係性を築くことで，子どもは自分の感情をコントロールすることができるようになります。」と書いてある。さらに2行目に「このアタッチメントがあることで，赤ちゃんは～，安心感を得ることができます。」と書いてある。

5 2段落目に「「ニートとは，甘えた，精神的にひ弱な人間であり，～」という認識であり，社会にリスクをもたらす彼らを害悪とみなす視線であった。」と書いてある。

6 3段落目に「編集者には，担当するこの本によって，彼自身がなにがしか得るものがあったり，～」，4段落目に「その本が出ることによって，著者のステージが一つでも二つでも上がる。」と書いてある。

7 1行目に「かつて，人びとは日あたりがよくて平坦なところ，それから水がえやすく，しかも洪水からわりあい安全な場所を選んで住んだ。」と書いてある。

8 1行目に「ナポレオンは，科学力が戦争の帰趨を決めるようになるだろうとの予測の下に，～陸軍大学校を設立した。」と書いてある。

9 5行目に「急成長する経済とともに電力需要も急速に伸びており，安定供給するための手

段として，化石燃料のみならず，再生可能エネルギーと原子力による発電を求めているからだ。」と書いてある。

10 7行目に「物や自然の現象に対して，わたしたちが怒りをおぼえることはほとんどありません。」と書いてある。

11 6行目に「3歳から5歳では記憶を司る海馬が直接影響を受け，」と書いてある。

12 5〜9行目に「虐待を受けた時期で脳を比較してみたところ，3歳から5歳では記憶を司る海馬が直接影響を受け，〜，9歳から10歳では左右の半球をつなぐ脳梁に影響を受け，〜，14歳から16歳では，自分をコントロールする前頭前野に影響を受け，」と書いてある。

13 「さっきイヤだといったことを，ではやっていいからと親が譲っても」の後には，「もう遅い」という意味の言葉が入る。その後に「それでもイヤだといいます。」と続くことでわかる。

14 最後の文に「子どもにとっての問題は〜，自分の意志が通らなかったこと，遮られたことに抗議しているというわけです。」と書いてある。

15 12〜14行目に「水に代わってトレハロースという糖〜蓄積されていく。」と書いてある。

16 8行目に「人工の環境下ではあるが，17年間ずっと乾燥状態だったものを水に戻し，再び動き出したことが確認された。」と書いてある。また最後の文にも「最近では宇宙ステーションに乾燥した幼虫が運ばれ，そこで復活させる実験が行われたという。」と書いてある。

17 5行目に「利用者が自由に書架の前に行き，内容を確かめてから，読んだり，借り出したりできる，公開書架制に変えました。」と書いて

ある。

18 16行目に「自由な利用の確保と適切な管理とのあいだの難問は絶えません。」と書いてある。

19 「非難のこもったこの発言がいわゆるアイロニー発話と呼ばれるものの典型です。」と書いてあり，さらに7行目に「アイロニーが「言いたいことの逆を言う」修辞技法だ」と書いてある。つまり，「ほんとに今日はお出かけ日和ね」の逆の意味が，非難の理由になる。

20 本文では，「とても天気が悪くなった___。」と言いたいところを「少し天気が悪くなったみたい。」と言った例が書いてある。問題文「Bさんは今回のテストがかなり悪かった___。」の下線部を逆にした表現が正解。

21 第2段落（②）には，「ワニは生き延びた」ことと，「大量絶滅は，〜隕石が引き金になったと考えられている」ことについて書いてある。

22 3段落目の3行目に「爬虫類は，冬眠状態に入ることで乗り切れたのだろうか。」と書いてある。選択肢1：哺乳類については書かれていない。選択肢2：「変温動物のままだった爬虫類は」と書いてある。選択肢3：「小型恐竜も冬の時代を乗り切った」と書いてある。

23 下線部(1)「そのコンセプトは」に続いて，「作ったものを売るのではなく，売れるものを作る」と書いてある。

24 下線部(2)の前に「その異なったニーズに対応すべく」と書いてある。

25 最後の段落で「業界のいろいろな会社が〜，狙い所を変えるのはとくに重要だ。」と書いてある。

記述問題1　解答例

　　途上国が食糧不足に苦しんでいるのは、食糧生産が自然災害の影響を直接受け、停止してしまうからだ。途上国では堤防が十分に整備されず、水道などのインフラも未発達だ。この環境下でひとたび洪水や干ばつが起きると農作物が生産できなくなる。農作業が正常に行われても、貯蔵設備がないために作物をやむを得ず廃棄することもある。

　　先進国で頻繁に食品ロスが起きるのは十分な食糧があるからだとも言える。では先進国が廃棄予定の食糧を途上国に輸送すれば、飢餓で苦しむ国の食糧問題は解決するだろうか。一時的には解決するが、輸送の手間と費用を考えると持続的に行うのは難しい。やはり安定した食糧生産体制を途上国に根付かせることが根本的な解決策だと思う。それにはインフラの設備投資、農具提供、農業技術の指導などが必要となる。資金や労力がかかるが、途上国の自立のための先行投資を惜しんではならない。

　　世界的に見て人口は増加しており、近年はバイオ燃料の生産のために穀物の消費も増えている。先進国もまた食糧不足や飢餓とは無関係ではなく、地球規模の視点を持って取り組んでいくことが大切だと思う。

記述問題2　解答例

　　高齢化問題が深刻になったのは出生率が減ると同時に医療の進歩で長生きする老人が増えたからである。この事態は労働力不足や税収入の減少を引き起こす。企業は存続の危機に陥り、政府や自治体は十分に役割をまっとうできなくなる。社会全体に与える影響は極めて大きい。

　　高齢者に費やされる年金、医療費、介護費用といった社会保障費は、税金を財源にして捻出されるが、財源は有限である。年々高齢者が増えるなら、若者の育成や企業の経済的支援などに回す資金も減らさざるを得ない。すると国のこれからの発展や成長も危ぶまれる。

　　対策としては高齢者を活用し、労働人口を拡大することが挙げられる。現在企業の定年は63歳や65歳が一般的だが、これを段階的に引き上げていく。高齢の社員としても自分に役割が与えられればやりがいを持って働くと思う。そのことが結果的に高齢者の健康寿命を延ばすことに繋がる。定年を引き上げれば、年金受給開始の年齢も上がり、財源の減少を遅らせることができる。即効性という点ではこの方法がいちばんよいと思う。

第6回予想問題　解答・解説

出題形式	解答番号	正解
1文1問	1	③
	2	①
	3	①
	4	④
	5	①
	6	③
	7	④
	8	②
	9	③
	10	①
1文2問	11	④
	12	③
	13	④
	14	②
	15	③
	16	②
	17	①
	18	②
	19	③
	20	③
	21	②
	22	①
1文3問	23	③
	24	③
	25	①

解説

1 最後の段落に「人口が減っても，最後の一人になるまで最小限の社会インフラは維持する必要がある。」と書いてあり，続いて「それを支える担い手のほうは急激に減る。」と書いてある。

2 「席に余裕があれば当日参加も可能です。」と書いてある。選択肢2：教科書を用意するの

は1/15(金)のみ。選択肢3：「全学部・全学年対象」と書いてある。選択肢4：通常より10分長いのは12/22(火)と1/12(火)。

3 最後の段落に「～情報信頼性が不可欠です。もし，それが欠ければ，グローバルレベルでの社会混乱を引き起こす可能性さえ否定できません。」と書いてある。

4 最後の段落に「患者さん本人が「病気を治したい」と本気で思い，かつ医師を信頼しているということが決め手になるのです。」と書いてある。

5 1行目に「絵の具の色を混ぜてみると，～。そして最後には黒になります。」と書いてある。選択肢3は，絵具では黒になり光の色では白になるので，「絵具でも光でも」両方が「黒か白か」になるのではない。

6 8行目に「いまこそが，かつてSFとして描かれていた未来技術が実際に使えるものになりはじめている初源の状態ではないか」と書いてある。選択肢1：「郵送技術」ではない。

7 9行目に「耳たぶに似ているからともいうが，詳しいことはわからない。」と書いてある。

8 5行目に，隕石説について「これが恐竜絶滅の原因になったのではないかという，今日よく人口に膾炙する仮説を出したのが，～」と書いてある。

9 10行目に「売れ筋の組み合わせと，発生しにくい組み合わせが見えてくる。」と書いてある。選択肢4は，「商品購買関係の情報」を集めた結果，面白いこと（＝傾向）が浮かび上がるので選択肢3の方が良い。

10 6行目に「あらゆる悪を摘発しては，社会は動かない。…(略)…かといって，「お目こぼし」は巨悪を眠らせる。検察は宿命的に，どこまでも矛盾の存在なのだ。」と書いてある。

11 下線部のすぐ前の文に「普遍的なものでありながらも特殊なものである，というこの二重の感覚に揺さぶられることによって，われわれ読者の感動はより奥深いものに増幅していくのだろう。」と書いてある。

12 13行目に「この問題はおそらく文学を評論し，研究する立場とも別ではない。」と書いてある。

13 下線部のすぐ前の文に「もしもそこに数人の通行人がいたらどうでしょうか？あなたはきっと～，まるで何事もなかったかのように歩き出すに違いありません。」と書いてある。

14 11行目に「一人でも自分の目の前に誰かがいる限り，「何らかの意図を持って，自分を表現している」のが，私たちの真実です。」と書いてある。選択肢3は，「他者に心配をかけないように」というのは「自己愛」ではない。

15 7行目に「投票率の低さを憂う一方で，選挙に無関心な方，あるいは少なからず嫌悪感のある方の想いも，現場にいると感じざるを得ません。」と書いてある。選択肢2も十分考えられるが，本文には書かれていない。

16 最後の段落に「｜｜有権者の無関心 vs. 政治家（～）の焦り」の間には大きく深い溝がある」と書いてある。

17 すぐ前の文に「典型的なマルチ商法の勧誘の手口は，～大きな人生観，大きな幸福感を最初の口実として語りかけるものです。」と書いてある。

18 7行目に「現状に不満を抱えている人ほど

こういった商法に引っかかりやすいのではないでしょうか。」と書いてある。

19 前後の内容から（A）には，よくないことが入るとわかるので，選択肢2か選択肢3になる。この文の主語は「周囲（の人）」なので，選択肢3が正解。選択肢2は，自己愛の一つの側面。

20 7行目に「そうやって自分を唯一無二の存在だと認識しなければ，他人を尊重することも難しくなるだろう。」と書いてある。

21 9行目に「火山学者は，完全には防ぐことができない被害を最小限にとどめるという考えに基づいて，「減災」という言葉を使い始めたのだ。」と書いてある。

22 最後の文に「噴火のメカニズムを市民に知ってもらうことは，火山災害を減らすために最も大切な手段の一つなのである。」と書いてある。

23 （A）の次の文に「そのような問いかけに対しては，将来有望になる産業や技術は一体何だろうかという観点から議論される場合が多い。」と書いてあるので，選択肢は1か3になる。14行目に「この観点は産業や技術には依存しないはずである。」と書いてあるので，選択肢1は間違いだとわかる。

24 下線部のすぐ前に「それは一方が売れると他方も売れる関係であり，」と書いてある。

25 3段落目に「将来有望になる産業や技術に着目する観点」について，4段落目以降に「最終完成品，部品，補完財等の産業生態系の位置づけに着目する観点」について書いてある。選択肢2：「完成品よりも補完財の生産に力を注ぐことが大切だ。」とまでは言っていない。

記述問題1　解答例

　グローバル社会となり外国人との交流がビジネス、日常生活を問わず増えてきている。小学校の英語必修化はこうした時代の変化に対応するものだ。外国語に触れる時間が長いほどその習得も早くなるので、小学校のときから英語学習を始めることには意義がある。英語がわかれば多くの人と交流できるばかりか、英語の本や映画、音楽も理解でき、自分の視野が広がり、感性によい刺激を受けることができると思う。

　問題点は、英語必修化によって他の教科の学習時間が減ることだ。初等教育で外国語を優先的に教えるのは極端だろう。小学校の段階で学ぶべきことは他にもある。特に国語は母語の能力に直接に関わり、言語を用いた思考力にも影響を及ぼすので、むしろ英語より大切だと思う。英語学習の確保のために朝の読書や運動の時間が削られるなら、小学生の心身の全面的な発育が阻害されかねない。

　英語能力が重要なことに異論はないが、成長段階の小学生に対する学校教育はすべてが大事であり、優先順位は付けにくい。現行の制度では毎日英語を学ぶことになっているが、回数を減らして、全面的に学べるようにしたほうがいいと思う。

記述問題2　解答例

　ロボットの利点は多い。まず労働力不足のとき人間の仕事を手伝ってくれる。給料や残業代がかからないため賃金の節約になる。また人間に使われることを前提としているため、受けた指示を着実にこなしてくれる。ロボットといっしょに働く人間は、複雑な人間関係で悩まされることがなくなる。さらにロボットは命に関わるような危険な環境でも働くことができ、人間には到底運べない重い物も搬送できる。科学がさらに進歩すれば心理療法や人生相談など高度に人間的要素が求められる仕事もできるようになるだろう。

　ロボット普及の問題点は人の仕事が奪われることだ。失業し生活ができなくなると、社会は不安定に陥る。かつて産業革命のときに熟練工たちが機械打ちこわし運動を起こしたが、それと同じ状況が起きても不思議ではない。ただしロボット普及によって、ロボットの研究開発、メンテナンスといった雇用は確実に増えるし、新しい産業が生まれる可能性も十分にある。そこには人間の労働力が必要される分野もあるはずだ。

　人はロボットを脅威的に見るのではなく、いかにロボットと共存するかを考え、新時代に即した労働観を打ち立てるべきだと思う。

第7回予想問題　解答・解説

解答

出題形式	解答番号	正解
1文1問	1	④
	2	①
	3	②
	4	②
	5	③
	6	①
	7	①
	8	②
	9	③
	10	④
1文2問	11	②
	12	②
	13	①
	14	④
	15	④
	16	④
	17	④
	18	③
	19	③
	20	③
	21	②
	22	①
1文3問	23	③
	24	④
	25	③

解説

1 2段落目に「朝ドラに求められるのは，「枠」の安定的運用である。〜毎年，一定のクオリティのドラマを量産することである。」と書いてある。

2 【募集対象】の欄に「本学の学部生（4月入学の新一年生を除く）」と書いてある。

3 9行目に「自分が受け止めていることは行動に表れる」と書いてある。

4 むしろわたしにとっては「人の知性に対するあこがれのようなもの，そのつかみどころのないものをかたちにしてみたい」という感じに近い。」と書いてある。

5 すぐ前の文に「ちなみに師走に入ってからの紅葉，いささか時期外れの感があるせいか，11月に比べて，はるかにそれを眺める旅人は少ない。」と書いてある。

6 最初の文に「〜，ささやかな幸福を感じること以外の幸福はないと私は思う。」と書いてある。

7 7行目に，プロセスチーズについて「乳酸菌は殺菌されて死んでしまい，各種酵素は過熱処理により活性がなくなっています」と書いてある。

8 前後の文の内容から，「選挙権者であるのに，投票できない」という意味になる。

9 最後の段落に「使用者から見ると，学生ならば「上下関係」を利用して残業命令がしやすいということだろう。」と書いてある。

10 8行目に「急速に縮んでいた星がこれ以上縮むことができない臨界密度に達し，収縮がいきなり止まるために衝撃波が起こり，星全体が吹き飛ばされる。」と書いてある。

11 最初の文に「井の頭公園で忘れてならないのは，この池の水が，江戸の人々に飲み水を供給していた上水，「神田上水」の水源だったことである。」と書いてある。

12 5行目に「幕府は井の頭地域を官地として水源付近の山林をみだりに伐採しないように厳重に管理したという。」と書いてある。

13 次の文に「他の人に迷惑をかけないよう配慮し，自分たちでルールをつくっていくことが望ましいと思います。」と書いてある。

14 7行目に「ルールを守らない人は立ち入り禁止になってしまうようです。禁止事項はどんどん細かくなっていく傾向があります。」と書いてあり，前後の内容から，これはよくないと思っていることがわかる。また，選択肢1は「ルールのない」が間違い。

15 6行目に「食物連鎖の発端は太陽光線であり〜」と書いてある。

16 直前に「数十億年後には地球の中心核も冷えてしまうが〜」と書いてある。

17 直後に「1,200人以上の子どもや青年のうちおよそ25パーセントが，16歳になるまでに少なくとも一度はいじめを受けたことがあると答えており〜」と書いてある。

18 最後の文に「いじめた人といじめられた人が経験するもっとも顕著な影響は，高確率での抑うつ障害，全般性不安障がい，パニック障がい，自殺などでした。」と書いてある。

19 最後の文に「ほとんどが年収300万円は超えているという平等社会のほうが，多くが希望を持ちやすい社会のようです。」と書いてある。

20 6行目に「収入が増えれば増えるほど，希望がより持ちやすくなるというわけではない。」と書いてある。

21 直後の文に「〜，葉から枝へと窒素分を回収しながら，〜。」と書いてあり，続いて，「葉で作られた糖分が残り，糖濃度が上がると〜」

と書いてある。

22 4〜6行目に「クロロフィルは光を吸収すると，そのエネルギーを使って水を分解し，酸素をつくります。また，吸収したエネルギーを別の物質に与え，こんどは葉が気孔から吸収した二酸化炭素を使って，ブドウ糖をつくります。」と書いてある。

23 「こんなこと」は直後の文を指す。「まず大事なのは，挨拶だ」という当たり前すぎることを書くので，かえって「驚かれるかもしれませんが」と前置きの言葉を付けた。

24 4行目に「インタビューは多くが一回限り。」と書いてある。

25 15行目に「信頼してもらえるだけの，対応をする必要があるのです。」と書いてあり，続いて「まず大事なのは，挨拶だと私は思っています。」と書いてある。さらに，最後の文に「挨拶をすることは，〜，これだけで印象はまったく変わると思います。」と書いてある。

記述問題1　解答例

　授業のオンライン化の良い点はコロナ感染を根本的に防げるところである。人が一か所に密集することで感染が広がるのだから、大学の講義室は危険極まりない。また大学は多くの学生が講義ごとに異なる教室に出入りするため、人の動きが制御しにくく、そのぶんリスクが高まる。仮に入念に手指を消毒しマスクを着け隣の席を空けても不安は残る。しかし、オンラインであれば、不安を感じることなく授業に専念できる。

　その一方で、様々な問題点もある。まず大学は出席確認の代わりとしてレポート提出を求めるため、学生の負担が大変重くなっている。レポートを提出しても教員からフィードバックがないことが多く、学生は自分の考えが正しいかどうかわからない。教員の講義の質の低下も指摘されている。こうした環境では大学で学ぶ意義が失われてしまうだろう。これに加えて友人ができない、相談する人がいない、などのストレスから精神を失調する人も出てきている。

　オンライン授業と対面授業を組み合わせて行うのがもっとも良い。大学側の制度改革は勿論のこと、学生側も新しい時代の新しい授業スタイルに適応するしかないと思う。

記述問題2　解答例

　企業にとって非正規雇用の良い点はまず雇用調整が簡単にできることだ。つまり繁忙期に大量に雇い、閑散期に解雇するのだ。経費の抑制や削減も重要なメリットだ。非正規社員の賃金は安く抑えられるし、ボーナスも支給せずにすむからである。雇用される側のメリットとしては正社員よりも柔軟な働き方ができることが挙げられる。正社員は週五日、一日八時間勤務が基本だが、子育てや親の介護をする場合は非正規の働き方のほうが都合がよい。

　しかし実際には雇用側と被雇用側の利点が一致することは少ない。なぜなら多くの非正規社員は正社員になりたいと思っているのになれないからである。非正規社員という身分は低賃金と雇用の不安定から結婚や出産に影響を与え、少子化を加速させている。非正規雇用のデメリットは実は企業にもある。短期的に見ればコスト削減という長所があるものの、長期的に見れば人材を育てることができず、企業が成長していかないからだ。

　これからの企業は自身のためにも労働社と社会のためにも創意工夫をして正規雇用を増やしていくことが大切だと思う。

第8回予想問題　解答・解説

出題形式	解答番号	正解
1文1問	1	②
	2	②
	3	④
	4	④
	5	①
	6	①
	7	①
	8	③
	9	④
	10	④
1文2問	11	①
	12	③
	13	②
	14	④
	15	②
	16	④
	17	③
	18	④
	19	②
	20	③
	21	①
	22	③
1文3問	23	③
	24	②
	25	③

1 最後の段落に「何らかの行動に対してそれ相応の報酬があるということは，…(略)…「やる気」を引き出すことができるのです。」と書いてある。

2 「メールによる提出が困難な場合は，担当助手に手書きでの別途提出も受け付ける。」と書いてある。

3 最後の文に「神経栄養因子が伸びて，脳内のネットワークが縦横無尽に広がっていく。」と書いてある。

4 最後の段落に「相変わらずの和合主義に囚われざるを得ない日本人にとってみれば，〜。近代的自我の確立は，〜えらく難しい企てで，肌に合わないものなのです。」と書いてある。

5 まず，最初の文に，「かつて米国GE社では，事業部長はROIで評価されていた。」と書いてある。そして，最後の文に「導入期の事業と成熟期の事業とでは，投入される資金と回収される資金に大きな違いがあることを踏まえてマネジメントしていくことが，企業の長期成長に欠かせないと認識されてきた。」と書いてある。

6 6〜7行目に「学者は，端的にいえば，締切になってから書き始める。実務家は，例外はあっても，大多数は締切を厳守するし，厳守しようとする。」と書いてある。

7 知的財産権について，3行目に「知的な創造活動によって生み出されたものを，それを創作した人の財産として保護することが必要だ。」と書いてある。

8 2〜3行目に「サプリメントから摂ったものが残した食事に含まれていたものと相殺されて摂取量が増えていないことがある。」と書いてある。

9 最初の文に「高齢化する郊外にとって重要な課題が，交通手段，移動手段の充実である。」と書いてある。

10 2〜4行目に「コンピュータが人間の役に立つためには，〜ソフトウェアが必要不可欠な

のです。」と書いてあり，さらに，8 行目に「ソフトウェア開発者たちが作業する様子を，部外者が日常生活のなかで目にする機会はまずありません。」と書いてある。

11 3 ～ 4 行目「～商店街の存続を強く願っている。これが，～学生の最大公約数的な姿～」とある。

12 問 1 同様，8 行目に「小売商業のなかに，単なるモノの売り買い以外の何かを見いだしているからに他なりません。」と書いてある。

13 すぐ後の文に，「だから，科学技術の研究開発を行う者は，「それがどう使われるべきか」を考慮すべきである」と書いてある。

14 7 ～ 8 行目に「それぞれの営みがどのように幸せに影響しているかを，人々は意識するべきである。」と書いてある。

15 「尺度」とは「長さを測る道具（ものさし）」のことであり，そこから「物事を評価する基準」を意味する。選択肢 1 は，4 段落目の食糧問題の例から，「高いか安いか」だけではないので不適当。選択肢 4 は，「すぐわかる」とは書かれていない。

16 16 ～ 17 行目に「お米だけで生きていくとすると年間およそ 2,000 万トンが必要です。しかし日本の米の生産量は年間 800 万トン程度なので，～」と書いてある。

17 最初の文に「「それはいつ頃のできごとだったのですか？」と尋ねているのに，～という具合に場所について答えが返ってくる。」と具体例が書いてある。

18 18 ～ 19 行目に「複数で話している場で誰かが話を取られたら，「で，いつ頃のできごとだったの？」（略）と戻してあげると，取られた人から感謝されるだろう。」と書いてある。

19 11 ～ 13 行目に「脅かしすぎると反発を招いたり，～と逆効果になりかねない。このようなしっぺ返しを，心理学では「ブーメラン効果」と呼んでいる。」と書いてある。

20 直前に「あからさまに使うと人道的にかなり問題があるのだが，ある特定の行動パターンを抑制したり，また逆に促したりするような目的で」と書いてある。

21 5 段落目に「卵を産む階級と卵を産まずに働く階級がともに生活している」と書いてある。選択肢 2 は，「みんな階級で結ばれている」が不適当。選択肢 3 は書かれていない。選択肢 4 は，「成立できない」とまでは言っていない。

22 7 段落目に「社会性昆虫は，社会性を背景としたその高等な生活様式が関係してか，地球上で大きく繁栄しているという特徴がある。」と書いてある。

23 直前に「注文された商品を購入者に届ける配送のこと」と書いてある。

24 （A）の次の文に「最も効率的な輸送とは大量の貨物をまとめて～」とある。そして，10 行目に「これと対極にあるのが，ネット通販の配送である。」と書いてある。つまり「効率的」の「対極」である「本質的に厄介なもの」だとわかる。

25 7 段落目に「もともと国営で全国を網羅するネットワークを持つ郵便局があり，そのなかで民間の宅配便事業者が成長し，ネット通販のラストスマイルを担う。」と書いてある。

記述問題1　解答例

　チームをまとめるタイプのリーダーは、自分の考えで物事を大局的に見つめ、メンバーに仕事を割り振る。失敗やアクシデントなど突発的な事態が起きてもどっしりと構え、善後策をチームに伝える。このような指揮系統の上に立つリーダーは頼もしく、カリスマ性でメンバーを惹き付けるので、集団の凝集力も増す。しかしその反面個々のメンバーの自主性を奪いかねない。

　メンバーの意見を尊重するタイプのリーダーは、個々のメンバーと対等の関係を結び、自分の考えを押しつけず、対話を求める。ひとりの意見を取り上げ、誰もが納得できる形でチームをまとめていく。しかしメンバーが自己主張を強め、かえってチームがまとまらなくなる恐れもある。

　どのタイプのリーダーがふさわしいかは、メンバー全員の個性に左右される。メンバー主体性が欠けていれば強いリーダーシップが求められ、逆に個性的なメンバーが多ければ尊重型のそれがふさわしい。ただし現代では人々はお金や達成感よりも他者からの評価を求める傾向が強いから、リーダーはどちらのタイプであるにせよ、メンバーの承認欲求を適宜満たすことが求められる。

記述問題2　解答例

　貧しい国でも観光地を持てば旅行客を引き寄せ経済発展が可能となる。これが観光開発のよい点である。山や海、ホテルやテーマパークなどの観光資源を開発することは、現地スタッフの雇用をも生み出す。観光ガイドとして女性が活躍するケースも多く、男女不平等の解消にもつながっている。海外からの旅行客が増えれば直行便が飛ぶようになり、その国の収益になる。観光とは、自分の住む環境にはない風景や文化を感動とともに知ることのできる体験であり、観光開発はその体験を提供するものとして位置づけられる。

　しかし良い点ばかりではなく、問題点もある。まず観光地へ移動するための道路整備やホテル等の建設による環境破壊だ。短期的に見れば経済は潤うが、長期的に見れば自然が失われることの損失は大きい。また動物と触れ合うことのできる観光資源では、旅行客が人間の食べ物を与えることで、動物が体調を崩すケースが増えている。猿や熊が人間の食べ物を欲しがり、人を襲う事例も出ている。

　人間には経済と環境を両立させることが必要だ。観光客は観光開発の問題点を知ったうえで、節度をわきまえて観光を楽しむのが正しい態度と言える。

第9回予想問題　解答・解説

解答

出題形式	解答番号	正解
1文1問	1	④
	2	③
	3	①
	4	④
	5	②
	6	③
	7	①
	8	②
	9	①
	10	②
1文2問	11	④
	12	①
	13	①
	14	③
	15	③
	16	②
	17	①
	18	④
	19	④
	20	③
	21	②
	22	④
1文3問	23	④
	24	①
	25	①

解説

1 本文全体を通して，選択肢4の内容が書かれている。選択肢1：「エンジンを使用するクルマ」，選択肢2：「現在」，選択肢3：「フランス」がそれぞれ不適当である。

2 「※1グループ写真，サークル活動写真の撮影も行います。」と書いてある。

3 8行目に「育休が自由にとれるようになっても休まないのが当たり前の空気の中では，休みを取ろうにも取れません」と書いてある。また，最後の段落にも，選択肢1の具体的な内容が書いてある。

4 6〜9行目に「ダーウィンを乗せたビーグル号は，寄港地ごとに〜などを調査している。いわゆるナチュラル・ヒストリーである。」と書いてある。

5 2行目に「刷り込みというのは，「いつかどこかで繰り返し聞いた誰かの価値観」のことです。」と書いてある。他の選択肢は，自分の考えで行動しているので違う。

6 5行目に「離婚とは，破綻した，形だけの婚姻から当事者を解放する制度だと言える。」と書いてある。

7 3段落目に「そこ（アジア）ではきわめて流動的な自然観が普及し，万物は〜流転する，輪廻転生するといった考え方があった。」と書いてある。

8 4行目に「〜先人の技術を吸収するのが第一のステップだ。」と書いてある。第一のステップとは「守破離」の1番目の「守」である。

9 10行目に「逆に過ぎゆくものへのこだわりもはなはだしい。」と書いてある。

10 直前の文に「幻視がみられる精神科の病気としては，〜」と書いてある。

11 その前の文に「こうした人口減少の最中，とりわけ1989年の合計特殊出生率1.57が明らかになってからである。」と書いてある。

12 最後の段落に「それ以前の 1970 〜 80 年代にも，必要性から保育園の増設が進んできた時期もある。しかし保育園の増設については，抑制される方向へと転換されてきた。」と書いてある。

13 7 行目から，「「好き」って理屈じゃないですよね。〜だから「好き」に従っている時は楽だし，結果的にうまくいくことが多いです。」と書いてある。

14 すぐ後の文に「だから人の不正は絶対に許せない。」と書いてある。

15 最初の文に「非難にあたって車を使ったという人は，全体の 57% に上った。」と書いてある。

16 すぐ後の文に「津波があったら，他人にかまわず，それぞれがてんでに逃げて自分の命を守れ，という教えだ。」と書いてある。

17 すぐ前の文に「日本語には，漢字，ひらがな，カタカナがあり，さらにアルファベットもかなり頻繁に用いられます。」と書いてある。

18 すぐ前の文に「特に，非漢字圏の外国人をはじめとする言語的マイノリティーにとって大きな障壁となっているのが漢字です。」と書いてある。

19 すぐ前の文に「食材の大きさを揃えることで，身体と世界をスムーズにつなぐやり方を，中国人は長い時間をかけて発見した。」と書いてある。

20 12 〜 14 行目に「このようなサイズコントロール，建築の専門用語でいえば材料寸法のモジュール化，規格化によって，どの食材にも同じように味がしみ込み，どの食材も同じ強さで噛んで，食道，胃へとスムーズに流し込むことができる。」と書いてある。

21 直前の「認知症は，後天的に脳に障害がでて，起こる現象ですが，」を指す。

22 12 行目に「認知症になる前に別の原因で亡くなるか，認知症になってその後亡くなるかということになるのでしょう。」と書いてある。

23 11 〜 12 行目に「単純に株が増えていくような形の無性生殖は，ふだん通りの生活を続けているだけで個体数が増えていくやり方なので，ずっと楽だ。」と書いてある。

24 18 〜 19 行目に「それでもわざわざ有性生殖をする意味としては，保有する遺伝子のセットを取り替えるチャンスを得られること，」と書いてある。

25 最後の段落に「多くの植物は動物媒といって，何らかの動物，特に昆虫によって花粉を運搬してもらっている。これら媒介者をポリネーターという。」と書いてある。

記述問題1　解答例

　小・中学生の基礎学力の低下は環境の変化によってもたらされている。まずスマホの爆発的な普及によって、子どもたちは時間や場所を問わずゲーム、動画を楽しむことができる。娯楽的なコンテンツは無数にあり飽きることがない。そのため自ずと勉強時間が減ってしまう。子どもの勉強を監督する親がいれば状況も改善されるが、長引く経済不況で共働きの家庭が増えており、子どもが帰宅しても家に親がいないケースが多い。さらに近年は少子化による大学全入時代で、勉強しなくてもどこかの大学に入れるため、勉強を頑張ることの意味が以前より薄らいでいる。こうした要因が複合して基礎学力の低下が導かれたのだと思う。

　親子の間には時代や価値観の違いがあるので、親は頭ごなしに「勉強しなさい」と言うのではなく、まず子どもの置かれた環境を理解するべきだ。そのうえで、勉強の意味や目的を話し合うことが大切だと思う。勉強して学力を上げると、大学と職業の選択肢が広がるし、年収にも影響する。学力低下を根本的に解決するには、家庭学習や学習塾よりもまず、親が子どもの考え方に関与すべきだと思う。

記述問題2　解答例

　世界には多くの国があるが、そのうち開発途上国は7割を占めていると言われる。以前から国際連合の諸機関や先進国が貧困問題の解決に向けて活動しているが、なかなか改善されない。途上国が多すぎることが大きな原因だが、細かく見ると途上国の物的資本の不足があげられる。モノの生産するための機械設備がなく、道路や電力、水道などのインフラもない。外国から資金を取り込もうにも、内戦が絶えないため外国企業が来られないのだ。

　教育施設の不足も深刻だ。学校で知識を学ぶ子どもが少ないから、国の政治や経済、技術を支える人材が育たず、いつまでも貧しいままとなる。さらに途上国は米や綿花、錫など第一次産業の輸出で外貨を得ているが、価格は安く不安定である。

　以上のような原因で途上国の貧困は改善されずにいるが、そもそもこれは根の深い問題であり、すぐに解決できるものではないのだ。だから我々は30年や50年という長期的視野を持って途上国を支える覚悟が必要だと思う。その過程で途上国の一人一人が自国の問題を自覚し、最終的には自力で改善に努められるように指導するのが望ましい。

第10回予想問題　解答・解説

解答

出題形式	解答番号	正解
1文1問	1	③
	2	③
	3	④
	4	②
	5	④
	6	①
	7	②
	8	①
	9	③
	10	②
1文2問	11	①
	12	③
	13	②
	14	①
	15	④
	16	②
	17	①
	18	②
	19	③
	20	③
	21	④
	22	①
1文3問	23	③
	24	②
	25	①

解説

1 5段落目に「大人はこうして社会と接点をもちながら，自発的に新聞を読んでいます。」と書いてある。

2 最後に「（春休み，夏休み，冬休みの間はメールでの相談のみ受け付けています）」と書いてある。

3 最初の文に「樹木の葉は，枝葉全体で面を作って日光を効率的に受け止めていることに気づくと，いろんな葉の形の意味がわかってくる。」と書いてある。

4 最初の文に「総合学習を利用した英語活動に対して，委員の多くはどちらかと言えば好意的だった。」と書いてあり，さらに7行目に「技能のトレーニングに勤しむようなことになれば，ゆとり教育の理念を毀損しかねない～。」と書いてある。

5 2～4行目に「幼児教育は，子どもの知能指数のみならず，～，社会情緒的能力と呼ばれるものを改善し，子どもの人生に大きな影響を及ぼす～。」と書いてある。

6 最後の段落に「人力ではなく機械化されたことで開発は飛躍的に進み，すでに海岸の湿地は大部分が埋め立てられ，～。～砂浜の面積自体が大幅に縮小していた。」と書いてある。

7 4～5行目に「（学校図書館は）必要な情報を検索する方法をはじめとする「図書館利用教育」を行う」と書いてあり，さらに，7行目に「前者（学校図書館）は，在学する子ども全員をサービスの対象として，集団教育を行い，」と書いてある。

8 最後の段落に「『弁明』でソクラテスは，～，そして告訴の真の動機が嫉妬や中傷にあることを訴えています。」と書いてある。

9 直前の文に，「～相手が反論したならば～」とあるので，選択肢は3か4。そして，直後の文には「攻略のヒント」とあり，この「攻略」とは当然「相手に対して」なので，選択肢3が正解。

10 3行目に「ユーザーは〜評価される喜びを覚える。」，6〜7行目に「試行錯誤してレシピ作りに励むうち，知らず知らずその商品のファンともなる。その仲介役としてクックパッド社はしっかり利益を得る。」と書いてある。

11 すぐ前の文に「セロトニンなどのモノアミンは「気分」と大きく関係している。うつや不安性障害には前述したSSRI（シナプス間隙のセロトニンをふやす薬）が治療薬になる。」と書いてある。

12 9〜11行目に「眠ると，不安だった気分がすっきりすることがあるのは，このためかもしれない。眠りは，〜，脳の機能を取り戻す作用があるのだ。」と書いてある。「再起動」とは，「起動し直す」ということ。

13 4〜8行目に「新しい科学的発見の紹介が与えたインパクトは，それまでの万博に比べると小さかった。むしろこの万国博が人々に示していったのは，19世紀を通じて発見されたテクノロジーが，いまや世界に広がり，社会生活のあり方を大きく変容させようとしている現実であった。」と書いてある。

14 最後の文に「それまでならイギリス，フランス，ドイツ，それにアメリカがほぼ独占していたような産業技術を，今や南欧や北欧の国々，そして日本までもが展示して見せていた。」と書いてある。

15 1段落目に「太子の仏教は，徹底した大乗仏教という点に最大の特色があると言えます。大乗仏教とは，〜生きとし生けるもの全体の救済を目標とする考え方です。」と書いてある。

16 14〜16行目に「個人の悟りを求める本来の仏教は，救いのために小さな乗り物しか用意しない「小乗」仏教とけなされるわけですが，太子もまさにそのような考え方だったことが分かります。」と書いてある。

17 6行目に「私はバリアフリー視察のため来ていたので，どこの駅で降りるかは決めていなかった。」と書いてある。

18 2〜4行目に「日本特有の，施設（ハード）は素晴らしいが，サービス（ソフト）は欠けているという点である。」と書いてある。

19 最初の文に「細胞質に構造異常タンパク質が蓄積すると，細胞質の分子シャペロンが転写誘導され，蓄積した構造異常タンパク質の修復を試みます。」と書いてある。

20 すぐ後の文に「細胞質に蓄積すれば熱ショック応答，小胞体に蓄積すれば小胞体ストレス応答と，きちんと棲み分けがされています。」と書いてある。

21 直前に「大地に果てなどはなくて地面が平面として無限に広がっていると考えることもできるはずだが，」と書いてある。

22 3〜4行目に「古代人にとっては，大地という二次元世界がどこまで広がっているか，すなわち「地の果て」からして大きな謎であった。」と書いてある。

23 1〜2行目に「もともと高給でなければ，人気にはなりにくい職業だろう。」と書いてある。

24 17〜18行目に「人間の心理として，親切に話を聞いてくれたり，自分のために時間を使ってくれたりした人には，ある種の心理的「負い目」を感じるものだ。」と書いてある。

25 15行目に「相談が，実質的には商品やサービスのセールスの場に変わる。」と書いてあり，さらに，最後の段落に「筆者は，たとえば銀行が用意してくれる「無料相談」に行くことにも強く反対する。」と書いてある。

記述問題1　解答例

　マスメディア報道の良い点はさまざまな情報を人々に伝えてくれることにある。国民は、日々の生活があり、社会上の出来事を取材したり分析したりすることはできない。だからこそマスメディアの報道に価値があり、そこから得た情報をもとに社会問題などを認識することができる。

　ここで問題となるのがマスメディアの公共性である。もしも報道に偏りや隠蔽があるならば国民は正しい認識や判断ができなくなる。その点、マスメディアは制度上、立法や行政の権力から独立した存在であり、事実を事実として扱うことができる。

　ただし新聞社、テレビ局、ラジオ局などのメディアは資本系列を作っているため、例えば新聞社で不祥事が起こっても同系列のテレビは報道しないといった情報操作が起こる。またテレビ局はスポンサーからの収入で番組を作るため、視聴者に必要な情報提供よりも、スポンサーを重視した番組作りに偏りがちだ。

　大切なのは、国民がマスメディアの効用と限界を知ることだ。言い換えれば、受け取った情報をうのみにせず、自分の頭で取捨選択する理性を持つことが必要である。

記述問題2　解答例

　日本は少子高齢化が進んでおり、労働者人口も減っている。労働者が減れば企業は人手不足から経営の維持が難しくなり、黒字倒産という事態も現に起きている。また自治体は税収が減り、公共サービスの維持が困難になる。

　外国人との共生の良い点は、まず上記の問題が改善されることだ。社会が労働力を得て従来の機能を維持できるのだ。そのため日本政府はすでに外国人労働者のビザを緩和し、日本へ呼び込んでいる。ただし問題点もある。受け入れ先の企業や社会が外国人の言語、習慣、文化を考慮せず、日本人のような言動を要求することだ。これによって外国人の孤独感や不適応が起こり、最悪の場合、精神疾患や犯罪に至るケースも出てくるだろう。

　「ここは日本だから日本のルールに従え」という考え方は乱暴であり、外国人への尊重が欠けていると思う。もちろん外国人側も日本に適応しようとするべきだが、日本側にも多文化共生という新たな時代の価値観に適応することが求められている。

　日本人と外国人が相互的な利益関係を結ぶには双方の努力が必要で、ただいっしょに生活しているだけでは足りないのだと思う。

付録

原稿用紙の使い方

　日本留学試験（EJU）日本語科目の原稿用紙は，様式が決められていますので，それに沿って記述する必要があります。必ず，以下のルールを守りましょう。

1.　横書き
2.　段落のはじめは１マスをあけます。

| | 私 | は | 、 | パ | ン | を | 買 | い | ま | す | 。 | | | | | | | |

3.　１マスに１文字，小さな「ゃ」「ょ」なども，１マスに１文字書きます。

| | 私 | は | 、 | で | ん | し | ゃ | に | 乗 | り | ま | す | 。 | | | | |

4.　句読点は１文字として扱います。行の最後に書くときは，文字と同じ１マス内に書きます。次の行の最初に書かないようにしましょう。

| | | | | | | … | 彼 | 女 | は | 、 | 本 | を | 買 | い | ま | し | た。 |

5.　「」（カギカッコ）記号を使用する場合は，１マスに書きます。

| | | … | 「 | 勉 | 強 | を | 頑 | 張 | り | ま | す | 。」 | と | 言 | い | ま | し | た | 。 |

6.　数字は半角として扱い１マス内に２文字としてカウントします。

| | 20 | 21 | 年 | | | | | | | | | | |
| 110 | | 0 | メ | ー | ト | ル | | | | | | | |

7.　英語のアルファベットは大文字１文字１マス，小文字２文字１マス。

| | W | T | O | | | | | | | | | |
| | te | am | | | | | | | | | | |

記述突破の7要点

日本留学試験の記述問題は，30分の間に，400から500字程度で，課題について論じる問題です。記述は50点満点ですが，多くの大学は35点以上を出願条件としています。もしもそれ以下ならば他の科目の点数が高くても出願できません。そのため記述は日本留学試験において非常に重要な要素と言えます。

以下に記述問題で高得点を取るための要点を挙げていきます。

要点1　日ごろから社会に関心を持つ

記述問題に出される課題は非常に幅が広いものの専門的な知識は問われません。知識は一般常識程度で十分です。しかしその一般常識も日ごろから社会に関心を持っていないと身に付きません。例えば2018年度に出題された課題は「悪いことをした子供に厳しく叱ることは必要だ／叱ることはよくない」という二つの意見に触れながら自分の考えを述べるものです。2019年度の課題は「日本に来る旅行者が増えている理由」について述べ，さらに「今後旅行者はどうなっていくか」の将来について書くものです。死刑制度や地球環境など大きな問題は私たちの意識にも上がっていますが，「子供を叱るべきかどうか」といった重大性の低い事柄については普段意識することもありません。記述問題はまさにそこを問うてくるのです。日ごろからテレビや新聞記事はもちろん，読者からの投書欄にも目を通し，考える習慣をつけておきましょう。

要点2　課題に沿って書く

いくら日本語が上手でも課題からそれた文章を書けば点数は得られません。二つの異なる意見に言及し，自分の考えを書くことが求められています。このとき一方の意見にしか触れないならば減点となります。

要点3 主張の客観性

　記述問題は論述であり，エッセイではありません。そのため意見を書く際には客観的な事実や根拠が必要です。嘘や事実に反することを提示してはいけません。また根拠を提示しても過激な主張をすれば結果として主観的になってしまいます。例えば死刑制度の課題で「悪人は絶対に死ぬべきだ」と書くのはマイナス評価となるでしょう。

要点4 全体の構成

　解答用紙の冒頭の二行で自分の立場や主張を述べます。そのあと全体の三割から五割を使って主張の根拠を書きます。次に反対意見とそれに対する自分の考えを提示します。このとき「もちろん〜。しかし〜」，「確かに〜だが，〜」といった表現を用います。これは反対意見を一度肯定し，そのあとで否定するという論理展開で，論述でよく使われています。最後に二，三行で結論を書いて完了です。

　または，先に問題点を提示し，次に解決策を書きます。両者の割合は半々くらいでよいでしょう。最後に三行ほどで結論を書きます。

要点5 時間配分

　制限時間30分をどう使うかが大切です。最初の1分で二つの課題を読み，どちらが書けそうか判断してください。主な構成要素は①主張，②根拠，③反対意見と自分の考え，④結論，の4つです。これら4つについて余白に概要を書きましょう。時間節約のため，概要は文章ではなく単語レベルで記します。5分ほどでまとめてください。そのあと概要を見ながら論述を始めます。単語と単語の間の論理やつながりを意識して文章を書きましょう。まもなく30分なのに書き終わらなさそうな場合，残りの時間を結論を書くことに使ってください。多少強引な結論になりますが，未完成よりは良いと言えます。

30分経ったら次の読解問題に移らねばなりません。気持ちを切り替えて次に進みましょう。

要点6 表記と文体

記述問題で問われるのは日本語文章だけではありません。解答用紙（原稿用紙）の正しい書き方も審査の対象となります。段落の一行目は一マス空けること，「きゃ」「りょ」などの拗音は二つのマス目を使って書くこと等のルールに従わねばなりません。

文体は「です・ます体」，「だ・である体」のどちらも可能ですが，論述という性質上，「だ・である体」で書いたほうが無難です。文章の途中で「です」「ます」が混ざらないように，文体の統一を意識しましょう。また「でも」「すごく」などは話し言葉なので使うことはできません。

要点7 高評価が得られる内容とは？

記述問題では30点，35点がレベルBに該当します。この該当基準は「課題にほぼ沿っていること」で，また「主張がおおむね妥当な根拠とともに述べられていること」と定められています。つまり課題から少しずれていて，主張の根拠性が少し弱いなら，B判定ということです。30点か35点かは全体の構成や表記などの差です。

40点，45点はレベルAです。まず「課題に沿っていること」が前提です。主張の根拠については「妥当」であればよいとされており，「おおむね妥当」のレベルBよりも条件が厳しくなっています。表現は「適切」であることが求められます。

50点は最高レベルのSです。レベルAと同様に「課題に沿っていること」が必要で，さらに主張の根拠には「説得力」が求められます。読む人が「確かにその通りだ」と納得する客観性，論理性がなければなりません。表現については「洗練されていること」が大切です。単に正しく使えばいいのではなく，慣用句や日本語特有の言い回しを効果的に使うということです。

50点という完璧を目指すと，プレッシャーが大きくなり，学習的に逆効果かもしれません。レベルAの40点，45点を目指したほうが現実的だと思います。

最後にひとこと。30分の時間制限の中で，400字から500字のまとまった文章を書き，しかも字はきれいであることが望まれます。こうして見ると，記述問題は極めて難易度が高いと言えます。しかし日ごろからの練習を積み重ねれば必ず実力がついていくはずです。頑張ってください。

読解問題の注意点

　皆さんがご存知のように日本語は「省略」が多く，特に主語が切り捨てられる言語です。主語が多いと「しつこい」「未熟な」文になってしまいます。さらに筆者の論点である述部が最後に来るので，長文では主語を見失いがちな上，文章全体の論点まで曖昧になる始末です。かといって丁寧に解読していくと，実に時間がかかるのです。解答者である皆さんは，全文を読まずに作問者の意図を推察しなければなりませんが，「消去法」を使えば，案外に簡単に解けることがわかるでしょう。

　ではどのように消去していくか，以下の問題で説明していきます。問題数が多く，内容把握が多い「短文問題（質問が1つの問題）」の4を取り上げてみます。

　次の文章で，筆者が最も言いたいことはどれですか。

　　そう，現代の男女がなかなか恋愛や結婚に至らないのは，必ずしも「出会いがない」からとは限らない。「恋愛体質じゃないから」だとも言えない。実は身近な場所で，明日にも出会うかもしれない。今日この瞬間に出会っているかもしれない。

　　だったらいますぐできることは，究極のエコ恋愛である "ひと目惚れ" の有効活用。とくに男性には，ぜひ普段から恋愛スイッチをオンにしておいて欲しい。

　　というのも，ワシントン州立大学教授のジョン・ゴットマン博士（臨床心理学）いわく，男性はこれはと思う女性に出会うと島皮質が活発化し，"視覚" が研ぎ澄まされるそうなのだ。それだけ "目" が恋の入り口になりやすいわけで，ならばその本能をムダにする手はない。

　　たとえいま日常を見回して「出会いがない」と思っても，毎朝の通勤電車の時間帯や休日のジョギングルートを変えてみるだけで違うかもしれない。あるいは，

　社内の別の部署との関わりが増えることでも変わるかもしれない。まずは自分の"目"を信じて，日常の行動半径をほんの少し広げてみればいい。

（牛窪恵『「エコ恋愛」婚の時代〜リスクを避ける男と女〜』光文社新書）

1.　毎日の生活で恋愛相手に出会っているかもしれないのに，きっかけがないため知り合いになることができない。
2.　恋愛は，相手の性格や教養がないと続かないので，外見だけで決めるべきではない。
3.　恋愛では，特に男性は外見から入るので，まずは"出会う"機会を増やすといい。
4.　恋愛がしたかったら，まずは出会った人に話しかける積極性を磨くべきである。

　これは，「作者の意図」を問う設問です。この設問に有効な解答方法は，消去法（最初に明らかに違うものを削除し，残った問題を選ぶ手法）です。では，どのように消去するのでしょうか。全文を丁寧に読む時間がない本試験では，最初に文末を読みます。試験の設問は誰かの著書の一部を切り取ったものですが，作問者はその中でも，最後に結論を述べている部分を選ぶ傾向があります。上記の設問の場合，最後の一文には「まずは自分の"目"を信じて，日常の行動半径をほんの少し広げてみればいい。」と書いてあります。この文では主語が省略されているので，隠された主語を見つけなければいけません。その隠された主語とは，「自分」もしくは「あなた」です。この文をより簡単に書き直すと次のようになります。

① （自分が）自分の"目"を信じる。　②（自分が）行動半径を広げる。

　この「（自分が）」が省略されていることに気づけたでしょうか。そして，「広げてみればいい」の「～すればいい」は，他人に何かを勧める・うながすときの表現ですから，この場合は筆者から読者にこれらの行動をとるよう勧めているわけです。したがって，この場合の隠された主語「自分」は「（読者である）あなた」に置き換えることができます。つまり，筆者から読者であるあなたに対して，「あなたはあなたの"目"を信じましょう。あなたはあなたの行動半径を広げましょう。」と勧めている。これが本文の結論ということになります。

　さて，ここまでをふまえて選択肢1～4を見てみましょう。1と2は，行動を起こすよう勧めている文章ではないので，自動的に消去できます。残るのは3と4ですが，よく読むと，4は先ほど見た本文の結論とは食い違っていますね。本文の結論では「行動半径を広げる」という具体的で外面に表れる行動を勧めているのに，4は「積極性を磨く」という内面の心がまえや気持ちの話に留まっています。したがって4は不正解だと判断できます。一方の3は「"出会う"機会を増やすといい」が，本文の「行動半径をほんの少し広げてみればいい」と同じような意味になるので，正解だと判断できます。

　このように本文の結論を正確につかむことで，それとはかけ離れた選択肢を早めに排除することができ，解答にかける時間を節約することができます。言うまでもないことですが，いくら消去法が便利な解き方だといっても，「本文の結論を正確につかむ」という前提が達成されていなければ，ただのあてずっぽうになってしまいます。読むべき箇所を読んで理解する，ということは忘れないでください。

　では次に「下線部の意味を問う」問題を取り上げてみましょう。設問11の質問1で考えてみます。

　たとえば，無職で終日自宅で過ごす父に「俺の子育てに文句を言うなら，俺の目につかないところへやれ」と言われた母が，ベビーベッドに入れたきょうだいを冷暖房もない六畳和室に移動させ，自らは深夜長時間働きつつ，合間に<u>一人で対応している</u>うちに二歳の弟が餓死し，五歳の姉も自立歩行できないほどに衰弱した事件があった。

問1　下線部「一人で対応している」背景として最も適当なものはどれですか。

1．父が子育てを嫌ったため，母が子ども二人のうち一人だけ世話をしたが，もう一人には手が回らなかった。
2．父が子育てを放棄したため，母だけが二人の子どもの世話すべてを行わなければならなかった。
3．子どもが二人いたので，両親で一人ずつ面倒をみようとしたが，結局父は面倒くさくなり，すべてを母に任せた。
4．父が無職でストレスがたまっており，子どもに暴力をふるう恐れがあったため，母が子どもを別室に移して世話をした。

　このように下線部を問う問題では，文中の言葉だけを読んでもわからないことが多いのです。「下線部を別の言葉で表現したらどうなるのか」を理解していなければなりません。下線部の言葉がわからない場合は，前後の文脈から推察します。設問の文章の全てを読んで解釈するのではなく，この場合は下線部までの文に注目しましょう。前の部分に「俺の目につかないところへ」「ベビーベッドに入れたきょうだいを冷暖房もない六畳和室に移動させ，自らは深夜長時間働きつつ」と書いてあります。これを整理してみると　①父親は世話を嫌い　②冷暖房がない部屋にベビーベッドを移動，③深夜長時間働き（長時間，子供が放置されている）という過酷な環境が浮かび上がってきます。

先ほどと同じように，あり得ないものから消去していきます。2が正解と判断できます。

設問数は少ないですが，必ず出る穴埋め（　　）問題はどのように解いたらいいでしょうか。ここでは設問13を取り上げます。

言い換えれば，その森が安定期に入っているかどうかである。腐生植物は，これまで何度も繰り返してきたとおり，森の生態系に取り入り，寄生する存在だ。そのため，森が攪乱状態にあって，不安定だと，生態系そのものがぐらついているため，安全にそれに寄生することが難しい。天然林であれ人工林であれ，まずはその森が安定期に入っていて，その生態系に余裕があり，その余剰分を腐生植物が使ってしまっても動揺が起きないこと，それが腐生植物の生活が（　A　）最低限の条件なのである

問1　（　A　）に入るものとして，最も適当なものはどれですか。

1.　飛躍的に発展する
2.　絶滅を避ける
3.　安定的に保たれる
4.　安全に保たれる

この設問では「腐生植物」と，聞き慣れない言葉が使われています。漢字圏の解答者でも，正確に理解できる人は少ないでしょう。このように専門性が高い言葉が使われていても，問題そのものは素直に作られている場合が多いです。この場合，（　　）の文を読み，主語と述語を最初に探します。ここでは「それが」〜（A）「最低限の条件である」となっているので，大変わかりやすいです。「それ」をまず探して，文

の具体性を高めます。すると前文の2行が当てはまることがわかります。簡単にまとめると「森が安定期に入っている」が「それ」にあたり，そのことが（A）の最低限の条件なのです。ここで悩んではいけません。もう少し上の文を見るとちゃんと答えがあるのです。「森が不安定だと安全に寄生することが難しい」とあります。ここでようやく不安定＝安全に寄生できない，安定＝安全に寄生できる，という図式が成り立ちます。

　最後に，読解問題では速読またはポイント読み，解読のテクニックが非常に大切になってきます。大量の文章を見て，気が重くなる解答者も多いことでしょう。作問者からのアドバイスは「文をとにかく読む」ことです。「読み続けるうちに，慣れてくる」「スピードが上がる」「知識も身に付く」のです。特に最後の「知識習得」については，予想外のメリットと言えます。外国語とはいえ，広範囲のジャンルの文を読むことになるからです。科学の本を読む人が哲学の本を，小説が好きな人が医療問題の文に触れるのです。ですから問題を作りながら，ポイント読みを指導するのは正直，残念です。解答者の皆さんは問題を解き終わったら，一度ゆっくり，文章を味わいながら読んで自身の世界を広げて欲しいと思います。

啓程塾 日本留学試験（EJU）模擬試験

日 本 語 記 述　解 答 用 紙

啓程塾 日本留学試験（EJU）模擬試験

日本語 解答用紙

あなたの受験票と同じかどうか確かめてください。Check that these are the same as your Examination Voucher.

受験番号
Examinee Registration Number

名前
名 Name

注意事項 Note

1. 必ず鉛筆 (HB) で記入してください。

2. この解答用紙を汚したり折ったりしてはいけません。

3. マークは下のよい例のように、○わく内を完全に塗りつぶして下さい。

Marking Examples.

よい例 Correct	悪い例 Incorrect
●	⊗ ◐ ◑ ●

4. 訂正する場合はプラスチック消しゴムで完全に消し、消しくずを残してはいけません。

5. 解答番号は1から75まであbりますが、問題のあるところまで答えて、あとはマークしないで下さい。

6. 所定の欄以外には何も書いてはいけません。

7. この解答用紙は全て機械で処理しますので、以上の1から6までが守られていないと採点されません。

読 解 Reading Comprehension

解答欄 Answer

解答番号	1	2	3	4
1	①	②	③	④
2	①	②	③	④
3	①	②	③	④
4	①	②	③	●
5	①	②	③	④
6	①	②	③	④
7	①	②	③	④
8	①	②	③	④
9	①	②	③	④
10	①	②	③	④
11	①	②	③	④
12	①	②	③	④
13	①	②	③	④
14	①	②	③	④
15	①	②	③	④
16	①	②	③	④
17	①	②	③	④
18	①	②	③	④
19	①	②	③	④
20	①	②	③	④
21	①	②	③	④
22	①	②	③	④
23	①	②	③	④
24	①	②	③	④
25	①	②	③	④

聴解・聴読解 Listening and Listening-Reading Comprehension

聴読解 Listening-Reading Comprehension

解答欄 Answer

解答番号	1	2	3	4
練習	①	②	●	④
1	①	②	③	④
2	①	②	③	④
3	①	②	③	④
4	①	②	③	④
5	①	②	③	④
6	①	②	③	④
7	①	②	③	④
8	①	②	③	④
9	①	②	③	④
10	①	②	③	④
11	①	②	③	④
12	①	②	③	④

聴解 Listening Comprehension

解答欄 Answer

解答番号		1	2	3	4
練習	正しい	①	②	③	④
	正しくない	●	●	●	●
13	正しい	①	②	③	④
	正しくない	①	②	③	④
14	正しい	①	②	③	④
	正しくない	①	②	③	④
15	正しい	①	②	③	④
	正しくない	①	②	③	④
16	正しい	①	②	③	④
	正しくない	①	②	③	④
17	正しい	①	②	③	④
	正しくない	①	②	③	④
18	正しい	①	②	③	④
	正しくない	①	②	③	④
19	正しい	①	②	③	④
	正しくない	①	②	③	④

聴読解 Listening-Reading Comprehension

解答欄 Answer

解答番号		1	2	3	4
20	正しい	①	②	③	④
	正しくない	①	②	③	④
21	正しい	①	②	③	④
	正しくない	①	②	③	④
22	正しい	①	②	③	④
	正しくない	①	②	③	④
23	正しい	①	②	③	④
	正しくない	①	②	③	④
24	正しい	①	②	③	④
	正しくない	①	②	③	④
25	正しい	①	②	③	④
	正しくない	①	②	③	④
26	正しい	①	②	③	④
	正しくない	①	②	③	④
27	正しい	①	②	③	④
	正しくない	①	②	③	④

启程塾

進学情報力
日本トップ
クラス

最も責任感がある
留学生向けの進学塾

四大特徴 ---

学部文系 学部理系 大学院 芸術 語学など **豊富な コースを用意**	すべての 留学生に 最高の **学習環境を提供**	過去問題 進学情報を **徹底分析**	通信教育 ビデオ 生配信 **授業を展開**

啓程塾から
難関大学へ **1077** 名

旧帝一工神大学合格者合計 ➤	**62**	名
早稲田慶応上智合格者合計 ➤	**86**	名
GMARCH 関関同立合格者合計 ➤	**102**	名
一流国公立大学 *1 合格者合計 ➤	**75**	名
一流私立大学 *2 合格者合計 ➤	**80**	名

*1　広島大学、東京医科歯科大学、千葉大学、筑波大学等

*2　順天堂大学、日本大学、東京理科大学、東京医科大学等

啓程塾合格体験記
KEI TEI EDUCATION GROUP

李さん
大阪大学
工学部

崔さん
大阪大学
経済学部

欧陽さん
大阪大学
経済学部

周さん
東京工業大学
工学院

張さん
名古屋大学
農学部

王さん
早稲田大学
基幹理工学部

苗さん
早稲田大学
文学部

陸さん
早稲田大学
文化構想学部

徐さん
早稲田大学
創造理工学部

楊さん
慶應義塾大学
文学部

蘇さん
慶應義塾大学
商学部

曹さん
慶應義塾大学
法学部

啓程芸術学院 合格実績
KEITEI Institution of the Arts

 東京藝術大学 **12** 名

多摩美術大学 **17** 名

 武蔵野美術大学 **11** 名

 女子美術大学 **5** 名

N∅U Art Nihon University College of Art 日本大学 **11** 名

 東京造形大学 **7** 名

 K∅GEI 東京工芸大学 TOKYO POLYTECHNIC UNIVERSITY **7** 名

 seika sekai 京都精華大学 **19** 名

 KYOTO UNIVERSITY OF THE ARTS 学校法人 瓜生山学園 京都芸術大学 **5** 名

 慶應義塾 Keio University **2** 名

 大阪芸術大学 **4** 名

※ 2021 年 3 月迄

予備校関係

啓程教育グループ

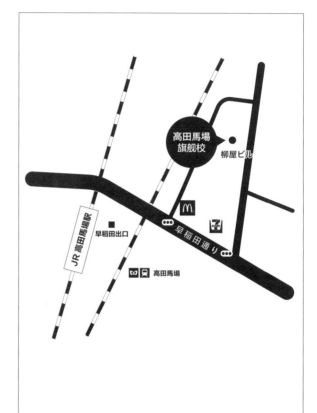

啓程塾東京校（本校）

- 📍 東京都新宿区高田馬場 2-18-6
  柳屋ビル 2 階
- ☎ 03-6380-3045
- 🔔 2294302667

啓程塾北京センター

- 📍 北京市朝陽区東三環建外 SOHO
  东区 5 号楼 8 层 0803 室
- ☎ 010-58695812　🔔 2294302667

啓程塾広州センター

- 📍 广州市天河区体育东路 122 号
  羊城国际商贸中心东塔 1907 室
- ☎ 020-66640120　🔔 2294302667

啓程塾上海センター

📍 上海市黄浦区徐家汇路 555 号
　　广东发展银行大厦 8A
📞 021-53513553　📠 2294302667

啓程塾成都センター

📍 四川省成都市锦江区 IFS 国际金融中心
　　二号写字楼 1909 号
📞 028-60721986　📠 2294302667

啓程美術学院（芸術進学）

📍 東京都新宿区高田馬場 2-18-6 柳屋ビル B1
📞 03-6380-3045　📠 2294302667

啓程云課堂（クラウド教育）

📍 東京都新宿区高田馬場 2-18-6 柳屋ビル 2 階
📞 03-6380-3045　📠 2294302667

日本語学校関係

早稲田進学館

📍 東京都北区中里 2-27-1 AST ビル
📞 03-6903-6395　📠 2294302667

早稲田進学館中野校

📍 東京都杉並区高円寺南 2-53-4
📞 03-5913-7328　📠 2294302667

日本留学試験（EJU）予想問題集

日本語　記述・読解

2021 年 5 月 13 日　初版第 1 刷発行

著　者	啓程塾
執筆者	平山崇　山口久美子　日高美穂子
編集者	張　健
発行者	李　旭
発行所	株式会社啓程

　　　　　〒 169-0075　東京都新宿区高田馬場 2 丁目 18 番 6 号　柳屋ビル 2 階
　　　　　TEL: 03-6380-3045
　　　　　http://www.qichengshu.com/

発売所　　日販アイ・ピー・エス株式会社

　　　　　〒 113-0034　東京都文京区湯島 1-3-4
　　　　　TEL: 03-5802-1859　FAX: 03-5802-1891

印刷所　　シナノ書籍印刷株式会社

ISBN978-4-910159-50-8